改革开放进程中的经济学家学术自传

张卓元　高培勇　主编

田国强学术自传

田国强◎著

ACADEMIC AUTOBIOGRAPHY OF TIAN GUOQIANG

SPM
南方出版传媒
广东经济出版社
·广州·

图书在版编目（CIP）数据

田国强学术自传 / 田国强著. —广州：广东经济出版社，2020. 12
（改革开放进程中的经济学家学术自传）
ISBN 978-7-5454-7272-1

Ⅰ. ①田… Ⅱ. ①田… Ⅲ. ①田国强—自传 ②经济学—文集 Ⅳ. ①K825.31 ②F-53

中国版本图书馆CIP数据核字（2020）第112174号

策划编辑：周　晶
责任编辑：张桂兰　梁　宜
责任校对：林晓珊
责任技编：陆俊帆

田国强学术自传
TIANGUOQIANG XUESHU ZIZHUAN

出版人	李　鹏
出　版 发　行	广东经济出版社（广州市环市东路水荫路11号11～12楼）
经　销	全国新华书店
印　刷	恒美印务（广州）有限公司 （广州市南沙经济技术开发区环市大道南路334号）
开　本	787毫米×1092毫米　1/16
印　张	14
字　数	146千字
版　次	2020年12月第1版
印　次	2020年12月第1次
书　号	ISBN 978-7-5454-7272-1
定　价	98.00元

图书营销中心地址：广州市环市东路水荫路11号11楼
电话：（020）87393830　邮政编码：510075
如发现印装质量问题，影响阅读，请与本社联系
广东经济出版社常年法律顾问：胡志海律师

《改革开放进程中的经济学家学术自传》丛书

编辑委员会

《改革开放进程中的经济学家学术自传》丛书分册名录

（按姓氏音序排列）

1.《白重恩学术自传》
2.《蔡昉学术自传》
3.《常修泽学术自传》
4.《陈东琪学术自传》
5.《陈锡文学术自传》
6.《迟福林学术自传》
7.《樊纲学术自传》
8.《范恒山学术自传》
9.《房维中学术自传》
10.《高培勇学术自传》
11.《高尚全学术自传》
12.《郭克莎学术自传》
13.《洪银兴学术自传》
14.《黄达学术自传》
15.《黄群慧学术自传》
16.《贾康学术自传》
17.《江小涓学术自传》
18.《金碚学术自传》
19.《李实学术自传》
20.《李晓西学术自传》
21.《厉以宁学术自传》
22.《林兆木学术自传》
23.《刘诗白学术自传》
24.《刘世锦学术自传》
25.《刘树成学术自传》
26.《刘伟学术自传》
27.《马建堂学术自传》
28.《彭森学术自传》
29.《宋晓梧学术自传》
30.《田国强学术自传》
31.《王梦奎学术自传》
32.《王一鸣学术自传》
33.《魏杰学术自传》
34.《魏礼群学术自传》
35.《乌家培学术自传》
36.《吴敬琏学术自传》
37.《杨瑞龙学术自传》
38.《张军学术自传》
39.《张军扩学术自传》
40.《张晓山学术自传》
41.《张燕生学术自传》
42.《张宇燕学术自传》
43.《张卓元学术自传》
44.《赵人伟学术自传》
45.《郑新立学术自传》
46.《周叔莲学术自传》

总　序

Preface

盛世出华章。中国的改革开放是一场波澜壮阔、前无古人的伟大社会变革，也将是世界经济发展史上的瑰丽篇章。中国经济学家在这场伟大变革中，或贡献了智力，或参与了实践，无论是参政建言还是学术构建，均厥功甚伟。

在我们先后迎来改革开放40周年和中华人民共和国成立70周年之际，为了记录并彰显中国经济学家的历史贡献，为中国特色社会主义事业进一步发挥智慧的力量和作用，同时借以勉励后学筑梦前行，我们组织并编辑了这套《改革开放进程中的经济学家学术自传》丛书。

这套丛书的出版设想，最初由广东经济出版社提出。在此之前，得力于中国社会科学院经济研究所张卓元教授等的大力支持，该社曾于2009年编辑出版《影响新中国60年经济建设的100位经济学家》丛书。那套丛书产生了良好的社会反响，也获得了较高的学术评价。弹指一挥间，又是一个十年，共和国迎来了70华诞，改革开放也逾40周年。在这样一个特殊的背景下，广东经济出版社邀请张卓元教授和高培勇教授牵头，由《经济研究》编辑部具体负责，组织、编辑一套集中反映改革开放进程中的经济学家学术探索和心路历程的丛书。

认识到这是一件颇具眼光、很有意义的事情，于是，便有了读者眼前这套《改革开放进程中的经济学家学术自传》丛书编辑出版工作的启动。

中国经济改革与发展的伟大实践，为中国经济学家的成长提供了肥沃的土壤。要从这些灿若繁星的经济学家中推选出大家比较公认的富有影响力的经济学家，并不容易。怎样推选？推选多少？具体标准是什么？如何约稿？丛书的体例又该如何把握？这一系列相关问题接二连三地提至我们面前。

为此，在初步拟订编辑出版方案的基础上，由张卓元教授和高培勇教授主持，邀请部分专家召开了小范围的论证会议，就组建丛书编辑委员会以及丛书编辑出版的一系列相关问题听取意见，进一步完善方案。

紧跟着，2017年6月25日，丛书编辑委员会会议在北京举行。出席会议的委员共有19位（按姓氏音序排列）：白重恩、常修泽、陈东琪、陈锡文、迟福林、高培勇、郭克莎、黄群慧、金碚、李晓西、刘伟、彭森、宋晓梧、田国强、魏礼群、吴敬琏、张军扩、张燕生、张卓元。因故请假、提供书面意见的委员有10位（按姓氏音序排列）：蔡昉、曹远征、贾康、李实、李扬、厉以宁、林毅夫、刘世锦、钱颖一、张军。

这次编辑委员会会议就如下一些重要问题形成了高度共识：

第一，关于丛书的意义。委员们高度认可丛书的编辑出版工作，认为这是一项富有重要历史和现实意义的出版工程。

第二，关于丛书入选者的标准和数量。委员们认为应本着宁缺毋滥、质量为先的原则，以对改革开放事业的某个特定领域做出实质性贡献或产生实质性影响的经济学家为重点，入选者宜掌握在60位左右。

第三，关于丛书的体例。基于凸显学术价值和史料价值的考虑，委员们认为学术自传宜涵盖作者的学术成长历程、作者对改革开放事业某个特定领域的研究成果和学术贡献、作者对特定领域改革前景的展望等内容。

第四，关于丛书的读者对象。委员们认为应主要面向青年学者以及学生，谈人生经验、述理想情怀，激励广大青年学者和学生确立奋斗的目标、发展的方向和成功的路径。

第五，关于丛书的文风。委员们主张学术自传应具有较强的理论性、学术性，同时文笔流畅、深入浅出，具有一定的可读性。

在经过充分讨论形成的候选经济学家名单基础上，与会委员按照获得半数以上多数票入选的规则，以无记名投票方式表决确定了65位入选者。

会议还决定，请因故请假的委员继续对候选经济学家名单通讯投票，并根据此项流程的统计结果，提请全体编辑委员会委员再进行一次通讯评审，最终确定丛书入选者为68位。

由此产生的《改革开放进程中的经济学家学术自传》丛书入选作者为（按姓氏音序排列）：白重恩、蔡昉、曹远征、常修泽、陈东琪、陈清泰、陈锡文、迟福林、樊纲、范恒山、房维中、高培勇、高尚全、郭克莎、 郭树清、韩俊、洪银兴、华生、黄达、黄群慧、贾康、江小涓、金碚、李剑阁、李京文、李实、李晓西、李扬、厉以宁、林毅夫、林兆木、刘国光、刘鹤、刘诗白、刘世锦、刘树成、刘伟、隆国强、楼继伟、马建堂、彭森、 钱颖一、宋晓梧、田国强、王梦奎、王一鸣、魏杰、魏礼群、乌家培、吴敬琏、吴晓灵、杨启先、杨瑞龙、易纲、余永定、张军、张军扩、张维迎、张晓山、张燕生、张宇燕、张卓元、赵人伟、郑新立、周其仁、周叔莲、周小川、朱玲。

在确定入选者名单之后，《经济研究》编辑部立即展开了组稿工作，共有46位入选者接受约稿。在这一过程中，入选的经济学家或其家属、秘书、好友等，对我们的工作给予了热情的支持，在百忙之中积极准备所需要的文献，其认真精神令人感动。应该说，没有他们的积极响应和大力支持，这套丛书是难以按时按质完成的。

由于入选的经济学家大多是名人、忙人，有一部分老作者也已年届九十高龄，约稿的工作量及其难度可想而知。一些作者提出暂不能写作，这多少令我们感到些许遗憾。其间也有许多感人的情景要告诉读者们：常修泽先生于2018年夏天在吉林延边的一个小镇闭门两三个月专事自传写作，在整个写作过程中数十次与编辑部和出版社沟通，包括内容完善、结构设计和一些合理性建议等诸多细节，并且在约定期限内交稿给编辑部；九十五岁高龄的黄达教授在写作过程中十余次通过电话或电子邮件与编辑部讨论写作重点和风格；乌家培、林兆木、王梦奎等老先生也是不厌其烦，反复就文字沟通润色；周叔莲先生在去世前一周还给编辑部打电话，告诉编辑自己已经基本完成了书稿的写作，并详细介绍了自己的写作过程和感想，我们至今忆此仍为之动容。在这些难得的沟通中，我们一次次被感动。

随着此套丛书的陆续编辑出版，我们越来越强烈地体会到了这项工作的意义和价值：

入选这套丛书的作者，是改革开放进程中的经济学家，他们的知名度较高，社会影响较大。这套自传体丛书，是对他们的代表性研究成果、学术贡献、成长历程及人格魅力的一个集中展示。对于广大读者特别是青年学子来说，这无疑是一个难得的学习我国经济理论和了解现实问题的机会。

这些经济学家在各自的学术领域都是佼佼者或领军者，他们学术素养深厚、学术成就卓越。他们在自传中大多以第一人称娓娓道来，讲述了自己的家国情怀与学术成长经历，为记录我国改革开放历程留下了第一手资料。从经济史和思想史的角度看，这应该是非常有史料价值的研究文献。

众多大家的纸上风华，既映射出中国改革开放40多年取得的巨大成就，也是对中国改革与发展经验比较系统的总结。正如习近平总书记所指出的："从我国改革发展的实践中挖掘新材料、发现新问题、提出新观点、构建新理论，加强对改革开放和社会主义现代化建设实践经验的系统总结，加强对发展社会主义市场经济、民主政治、先进文化、和谐社会、生态文明以及党的执政能力建设等领域的分析研究，加强对党中央治国理政新理念新思想新战略的研究阐释，提炼出有学理性的新理论，概括出有规律性的新实践。这是构建中国特色哲学社会科学的着力点、着重点。"应该说，本套丛书的作者们用生动而精彩的人生与学术追求，践行了这一重要要求。

这套丛书的编辑出版与《经济研究》编辑部同仁的努力也是分不开的。他们通过电话、短信和邮件等方式不断地与作者或其家人、秘书等进行沟通。参加组稿和审稿工作的人员有：郑红亮、刘霞辉、张永山、唐寿宁、王利娜、谢谦、金成武、孙三百、陈小亮、欧宏、王红梅、刘莹、曹帅。

广东经济出版社的领导和编辑在本丛书的出版过程中也做了大量的工作，正是有了他们的努力，这套丛书才得以顺利与读者见面。

特别值得一提的是，这样一套组织工作浩繁的大型丛书，见证了《经济研究》编辑部与广东经济出版社值得称道的团队合作精神。编辑部的张永山、王红梅同志和广东经济出版社的编辑团队从始至终为丛书的组织沟通、约稿、文稿整理付出了大量的心血，他们的耐心和一丝不苟的敬业精神令人称道。

这套丛书就此付梓了，回望中国改革开放的辉煌岁月，携手丛书作者对祖国的拳拳心路与期待，我们略感欣慰！但由于时间仓促，加之我们的水平有限，书中的不足和错误之处在所难免，敬请广大读者批评指正。

《改革开放进程中的经济学家学术自传》丛书编辑委员会

2019年10月

作者简介

田国强

1956年生，教育部首批人文社会科学长江学者讲座教授。曾任上海市人民政府特聘决策咨询专家，香港科技大学、华中科技大学等大学兼职教授，南京财经大学名誉教授，《中国经济评论》等杂志的共同主编和《中国研究评论》等杂志的编委。

1980年华中工学院（现华中科技大学）数学专业毕业，1982年获数学硕士学位。1987年获美国明尼苏达大学经济学博士学位，导师为诺贝尔经济学奖获得者、“机制设计理论之父”里奥尼德·赫维茨（Leonid Hurwicz）教授。之后任教于美国得克萨斯A&M大学，是改革开放之后中国留学北美华人经济学者中第一个获得终身教职、第一个成为教授的学者，曾任中国留美经济学会会长（1991—1992年），现为得克萨斯A & M大学经济学系Alfred F. Chalk讲座教授。

现任上海财经大学高等研究院院长（2006年至今），湖北经济学院财经高等研究院、长江经济带发展战略研究院院长（2018年至今）；曾任上海财经大学经济学院院长（2007—2019年）。英文学术期刊*Frontiers of Economics in China*主编，*Annals of Economics and Finance*共同主编，*Journal of Mechanism and Institution Design*副主编，《经济研究》《学术月刊》等期刊编委。主要研究领域包括经济理论、机制设计、博弈论、拍卖理论、匹配理论、数理经济学、经济转型、中国经济等。在*The Review of Economic Studies*，*Journal of Economic Theory*，*International Economic Review*，*Games and Economic Behavior*等国际经济学权威和重要学术期刊发表论文100多篇；国内权威期刊发表论文90多篇，包括在《经济研究》发表论文10多篇；其他中文文章100余篇。在1990—2000年全球前1000名经济学家排名中，按论文数量排名第185位，总体排名第282位，在华人经济学家中排名第4位。2006年被《华尔街电讯》列为中国十大最具影响力经济学家之一。2016年获第一财经中国最佳商业领袖奖“年度思想家”奖项。

30多年来，他一直在海内外从事现代经济学理论的教学与研究，并对中国经济改革及制度转型保持密切关注和研究。1993年，与易纲一道主持编撰了国内首套介绍现代市场经济学的普及丛书——“市场经济学普及丛书”（共14本），获中国国家图书奖等四个国家级大奖，该丛书被许多经济学家推荐为经济学入门读物。2015年，与陈旭东合著的《中国改革：历史、逻辑和未来》获第16届孙冶方经济科学奖著作奖。2016年出版的《高级微观经济学》一书填补了微观经济学规范教材缺乏中国元素的空白，引起学界关注。由上海财经大学出版社编撰的《田国强学术文集》（五卷本）被列入上海市“十三五”重点图书出版规划项目，于2018年12月正式出版，在学术研究和政策实践方面都具有重要价值。

自　　序

改革开放作为中华民族复兴进程中的一个关键拐点，它所产生的威力，像腾空的火箭，一举扭转了1840年鸦片战争以来中华民族在世界民族之林的衰退之势，使中国重新走向了世界政治经济舞台的中心。时至今日，中国已经是世界第二大经济体、世界第一大贸易国、世界第一大吸引外资国、世界第二大对外投资国……在国家发展的历史大潮中，无数人的命运也随之发生巨大的转变。作为一个20世纪50年代生人，我身上有着这个时代的一些特殊烙印。父辈经历过抗日战争和解放战争的烽火，对国家的和平与发展悬悬而望；而我在长身体的时候遭遇了“三年困难时期”的折磨，在学知识的时候遭受了“文化大革命”的摧残，随后作为知识青年到农村插队当农民，对中国最底层的农村、农民、农业和积贫积弱的现实有着亲身的体验。改革开放后，我于1983年1月公派自费出国留学。与我一样，许多当时出国的留学生都是生在红旗下、长在红旗下，受惠于邓小平的改革开放国策才得以负笈海外，实现人生轨迹的改变和跃迁，大家都怀有一颗热爱祖国、报效祖国之心，有一种希望中国尽快振兴的强烈使命感。

我关注及研究中国改革与发展迄今已有35个年头，始于初到美国留学时所见所闻给我带来的两个强烈感受：一是震撼，二是痛苦。在此之前，我一心沉醉于我自己的学业，对其他事情基本上是漠不关心。当时让我感到震撼的是，一个国家原来可以这么富有！痛苦的是，为什么我们中国人这么勤劳却那么贫穷？台湾地区那时人均GDP已经超过八千美元，而大陆只有三四百美元，一个台湾地区的GDP就几乎相当于整个大陆地区的GDP，当时有些台湾留学生对我们大陆留学生的调侃称呼就是“穷鬼”。“穷鬼”这样的称呼的确让人难受，却又不知如何反驳。为什么我们大陆就不能富起来？出现这样巨大差距的原因何在？这些感受是我思考研究中国经济问题及其改革的原点，从那时候起，我就开始思考中国改革何去何从，关注中国改革进程和发展了，立志要用自己的所学、所思来研究中国的改革与发展。

直到当前，国内一些人仍然有一种看法，以为留学生和海归出国几年后西化了，不爱国了，但我的看法恰恰相反。改革开放初期，中国与发达国家存在巨大差距，国人在海外留学时遭受歧视，改革开放40年中国取得了巨大成就，但同时也认识到，中国与发达国家相比，在许多方面仍然还有较大差距，绝大多数留学生和海归都非常热爱祖国，都非常关注祖国的进步和发展，希望祖国尽快强大起来。我记得刚到美国时，我们留学生经常从晚上六点钟吃饭开始，一直争论、辩论到第二天早上八九点钟。对于一个国家的成功或失败，有人归结于科学技术，归结于李约瑟之谜。但是，我通过理论逻辑和对众多国家几千年纵横比较深度研究后所得出的结论是：国家之间的竞争，最根本的是制度和人才的竞争。此二者是中国实现国家富强和长治久安必须高度重视的，也是我在随后几十年里为之不懈努力的两个重要方面：一是聚焦制度平稳转型研究中国经济改革与发展；二是推动经济学教育改革为国引才储才育才，因为中国经济社会发展需要大量了解和掌握现代经济体系的高层次创新型人才。

当时中美之间社会经济发展的落差，使我关注制度的重要性，也坚定了自己从自然科学（物理、数学）向社会科学及经济学学科进行学习研究的学科转向。为此，在明尼苏达大学读博士期间，我特意选了“机制设计理论之父”、因其开创性贡献而获得诺贝尔经济学奖的里奥尼德·赫维茨（Leonid Hurwicz）教授作为指导教师。在攻读博士学位的四年时间里，我经常与中国留学生一起探讨中国改革中遇到的各种问题及改革目标和发展趋势。种种原因使得我的回国计划一再被延宕。毕业之后，我留美任教并在较短的时间内相继被破格提升为副教授和教授，获得终身教职，我是改革开放之后国内留学北美的经济学者中在美国大学最早获得终身教职、第一个成为教授的。尽管如此，我须臾没有忘记自己的中华儿女情，通过研究和推动中国经济制度的平稳转型，通过筹划和参与中国大学杰出人才培养体制的改革创新，我一直在践行着自己的中国梦。

在此过程中，我开始注意到理论与现实、历史、传统、文化、制度等诸多因素之间的互动影响，结合所能接触的各种资料深入思考中国这一千载难逢的大变局，从而逐步认识到，经济学原创性纯理论研究与解决现实问题的研究还是有很大的差异，无论是侧重点还是研究方法都非常不同。要解决现实问题，需要切换角度和角色，需要理论与现实相结合，不能唯书本和教条主义，不能过度理想化或过度意识形态化，更不能将理想状态等同于现实去看待和解决现实问题，这样不可能将事情做成。尽管原创性纯理论，特别是经济学基准理论具有很强的指明改革方向和现实指导作用，但理论背后的一些假设也许不是那么符合现实，所以其研究基本上都是务虚的，对一个问题或问题的某个方面（假定其他因素不变，现实中当然不是如此）往往研究得很细、很精，目的就是要弄清其内在逻辑关系，注重的是科学性、严谨性，聚焦的是点或局部，而不是面或全局，具体怎么去用。但分析和解决现实问题就大不一样了，要将一件事情做成，要让改革成功，要让理论对现实有指导作用，需要因地、因人、因事、因时而用，具体情况具体分析，需要综合考虑影响其结果的各种因素，甚至还需要短期应对风险与发展的政策变量和中长期改革治理的制度参数具有自洽性和内在一致性，使之达到总体一般均衡和综合治理，而不是只考虑某个点或单方面因素。这就像一个水桶缺一块板或有缝隙，甚至有个小洞，也装不满水一样，需要面面俱到。

特别是担任上海财经大学经济学院院长后，在经济学教育改革实践过程中，我越来越充分地认识到在分析和解决现实问题时，要特别注意这方面的差异性。分析和解决现实问题，要将事情办成，一定离不开理论逻辑、实践真知和历史视野这三个维度的结合。它们都是将一件事情办成或解决好现实经济社会问题的必要条件，缺一不可。但在现实中，许多人没有明白这个道理，在分析问题时，不知不觉地只关注其中一个维度而忽视其他维度，或者由于理论背后的假设不是那么符合现实而完全地否定理论的导向作用，或者完全照搬理论的结论而忽视前提假设和实践真知的极端重要性。的确如此，从事实践工作的人往往容易忽视甚至否定理论的重要性，而从事理论研究的人往往容易教条化，脱离现实看问题，认为意识决定存在，而不是存在决定意识，将理想状态等同于客观现实。这样的人大量存在，甚至其中一些人动不动就上纲上线，使得改革何去何从的问题时常歧见纷呈、莫衷一是。

当然，更多的人考虑问题是单向思维，不全面、偏激、走极端，强调一点，否定其他，往往是用一个命题或结论成立的某个必要条件反对其命题或结论成立的另外的必要条件。比如，一些经济学家，在谈到市场制度重要性的时候就一味地否定政府的作用，在谈到政府作用时就忽视市场的作用，在谈到工业革命重要性时就一味否定基础制度环境的重要性；还有不少人缺乏基本的科学方法论，如在总结改革成就的时候不是试着去找出新的因素，而是强调本就存在的因素的重要性而否定新的因素的重要性（比如在总结中国改革开放成就时往往忽视或否定松绑放权的市场化改革、民营经济大发展的重要性）。类似这种偏激还反映到学科间的相互鄙视上。比如，不少学人文社会科学或自然科学的人会因自己所学而轻视其他学科。近几十年来，国际上爆发的文化之争——人文文化与科学文化的争论就是一个例子。学人文的看不起学科学的，觉得学科学的没什么文化，懂点专业，怎么算有文化呢。如建构主义者尤其是社会建构主义者就极力张扬人文精神，对科学的真理性全面提出质疑。而学科学的却认为，人文学者连科学的基本常识都不知道，怎么算是合格的学者呢？纽约大学有一位叫艾伦·索卡尔（Alan Sokal）的量子物理学家就认为建构主义者不懂科学却经常引用科学来支持自己的观点，有点儿欺骗读者的意思，于是故意写了一篇“诈文”登在最权威的建构主义的期刊《社会文本》（*Social Text*）上，得到不少建构主义者的赞同。一个月后，他在另外一本杂志上说明那是一篇“诈文”，里面引用的所谓科学成果在科学界是些人所共知的东西，而这些成果根本推不出文中所指出的那些具有社会意义的结论，其中的推导完全是荒谬的，明眼人一眼就能看出来。

这样的争论也出现在关于经济学是否是科学的辩论中，出现这种情况的一个原因是，当前国内经济学界风气确实不是那么端正，浮躁、浮夸、表面、虚的东西太多，而缺乏务实的、埋头钻研的精神。经济理论和应用的学术研究及其讨论本应是严肃的，但似乎越来越大众化，甚至是娱乐化。不少人“语不惊人死不休”，说出的话没有科学性和严谨性，给出的结论既没有逻辑，又缺乏常识，也没有实证，这说不定会影响到政策的制定，从而影响中国经济社会发展的大局。如有的学者提出的全面超越论、伟大的中国工业革命等，在国内外造成了很大的负面影响，这是我们学者特别需要注意的地方。另外，我个人信奉的理念是，可以不说话，但不说假话，即使真话有时不合时宜，出于公心也应敢于发声。在这方面，我受父亲的影响很大。在20世纪60年代初发生大饥荒的时期里，他冒着被撤职、打成“右倾”机会主义分子甚至坐牢的风险，坚持真理，如实向上级反映农民们粮食将尽的事实，使得他所管辖的一方人免于饿死。

总的说来，理论逻辑维度注重的是科学性与严谨性，而实践真知维度强调的是针对性和现实性，强调提出的方案要有可行性、可操作性、可执行性、可实现性。然而，仅有理论和实践还不行，弄不好会短视，可能只是短期或局部最优而不是长远或全局最优，因而还需要采用历史视野的维度来解决可能出现的短视问题，这样分析和解决问题时才能有前瞻性和思想性。比如，一幅油画，太近了看发现不了油画的美，看到的也许都是坨坨点点，但拉远距离来看可能就很不一样了。总之，要做有思想的学术和立有学术的思想，就必须结合理论逻辑、实践真知和历史视野三维度来分析问题和解决问题，才可能做到科学性、严谨性、时代性、现实性、前瞻性和思想性的有机结合。我出国前学的是自然科学和数学，到美国后学的是经济学，再加上上大学前几年的知青生活和在上海财经学院从事经济学教育改革实践和行政工作，以及平时喜欢读历史和其他各种书籍，这些学习、生活和行政方面的经历使得我越来越充分地认识到理论逻辑、实践真知及历史视野三位一体分析方法对分析和解决现实问题的极端重要性，因此我在做中国问题研究时，尽可能采用三位一体的研究方法，希望在研究和解决问题时尽量具有科学性、严谨性、针对性、现实性、前瞻性和思想性。

目录

壹

从事学术研究的历程

一 把握国家历史重大转折，走上经济学学习研究之路

我大学是学数学的，而不是学习经济学的。1977年初，华中工学院（现华中科技大学）的老校长朱九思决定招师资班。朱九思校长是武汉大学英语系学生，抗战初期大学未毕业就奔赴延安，是延安抗日军政大学出身的老干部。朱九思老校长是一位非常有眼光、有气魄，把自己的一生献给教育事业的教育家。打倒“四人帮”不久后，他就洞察到一个新的时代将会在中国出现，认识到高等教育和科研的重要性，致力于将华中工学院办成中国甚至世界一流的大学。他求才若渴，大量收揽人才和培养师资，“文化大革命”结束后的短短一年多时间，就招揽了好几百位优质教师。随后华中工学院许多其他的教学和科研骨干也是在朱校长亲自过问下一个个调进学校的。招师资班就是他当时的一个举措，特招了数学、物理、机械、电力和政治五个师资班。并且不像当时其他院校招工农兵大学生不用考试，在全国恢复高考之前，朱九思校长是全国首个也是唯一一个通过考试选拔来录取学生的大学校长，是他首先想到让华中工学院出试卷对推荐进师资班的知青进行数学和语文两门考试。

在此之前，母亲带着我去见县教育局的潘局长，他很同情我没有入学的处境。正好有这个机会，潘局长便向华中工学院招生老师推荐了我。时间很紧迫，我接到通知后，

只复习了一天就参加了考试，结果数学考了满分，语文也得了很高的分数。但是由于我父亲的历史问题和成分问题，华中工学院的招生老师起初不想要我。潘局长对他说："就只有他了，我们不推荐其他人选。"于是招生老师将情况上报学校。经学院党委集体讨论同意后，我终于被招进了华中工学院物理师资班。接到入学录取通知的那天，正好是我21岁的生日，这是我在历经坎坷的求学路上所发生重大转折的一天，也是我人生命运的转折点。

我们师资班的学生是1977年5月进校的，比同级学生晚了大半年。我在华中工学院的物理师资班待了很短时间，又被调到了数学师资班。当时我非常不情愿，因为我从小的愿望是当科学家。我感觉人的命运有时真的不是自己所能左右的，发生在我身上的一系列事件都是巧遇或误会，所有这些事件发生的可能性都很小，其中任何一个环节有所变更，我都不会是今天的我。冥冥之中，似乎总有人在我的人生道路上指引着我。比如差一点上不成大学，比如专业的转换。恰恰是种种巧合、转折，尤其是最后的转换专业，造就了今天的我。如果当时我学物理，将来可能有机会做一名物理学家，但我不会有机会师从林少宫教授，也不能成为一名经济学家，说不定也不会有现在的成就。

刚进大学的时候，头一年我学习不是那么用功，在班上成绩只能算中上。我从小就喜欢西方古典小说，可原来在县城很难读到这样的小说，所以刚上大学的第一年我花了大量的时间如饥似渴地阅读可以从校图书馆借到的各种世界名著。到了1978年元月，教育部发出《关于高等学校1978年研究生招生工作安排意见》，决定将1977年、1978年两年招收研究生合并进行，尽管当年只招10708人，但报考人数就达到63500人。不过，当时我觉得考研究生对我来说是可望而不可即的事情，只有那些已做了许多研究的人才能考得上，才有资格当研究生，所以我刚开始根本就没有考研究生的打算。后来，我们班上两位同学考上了武汉大学数学系的研究生，对我触动很大。我想别人能考上，我也能考上。

当时我们工农兵学员水平参差不齐，学的东西相对简单。于是，我从那时候起，就"改邪归正"，一心放在专业学习上，并制订了自学计划，规定自己每周自学60个小时。这是一个非常严苛的学习计划。相当于上午上完课后，每天要自学8.5个小时以上。在随后的一年中，我没有了节假日和周末，也不睡午觉。为了不影响同寝室同学休息，我在路灯下、厕所里、被窝中用手电筒照着看书，那年春节也没有回家，人一下子瘦了很多。我自学了许多从苏联翻译过来的数学教材，像菲赫金哥尔茨（Г.М.Фихтенгольц）八卷的《微积分学教程》和复旦大学在"文化大革命"前出版的《数学分析》我就看了10遍以上，吉米多维奇《数学分析习题集》（5000道）也反复演练多遍，并且把"文化大革命"前各个大学历年数学研究生入学考试题弄来反复做。这段学习经历，为我的自学能力、数学基础、逻辑分析能力及学习和研究现代经济学打下了坚实的基础。即使到了40年后的今天，我仍能记得数学分析中几乎所有定理的证明。

一年之后的1979年我报考了研究生。我当时的理想是报考北京大学数学系的研究生。当时是一个人才空档，非常优秀的人已经在1978年考上研究生了，1977级大学生才进校一年多，我认为自己考上的机会还是较大的。可是朱九思校长非常爱才，当知道我们班上两个同学1978年考上了武汉大学数学系的研究生后，就批评基础课部领导不该批准他们考外校研究生。由于这个事件，朱九思校长就给全校下了一个规定：优秀学生不让考外校，只能考本校的研究生。我就这样被朱校长留在了华中工学院。当时华中工学院数学系有几个专业招收研究生，其中一个是林少宫教授的数量经济学。

20世纪50年代初，林老师在美国伊利诺伊大学拿到经济学博士学位，专业是计量经济学。经济学大师、现代经济学主要推动人之一哈罗德·霍特林（Harold Hotelling）很欣赏林老师，邀请林老师去他那里工作，但是林老师还是在1955年与钱学森一道同船回国了。当时计量经济学才起步，林老师如果那时不回国，现在一定是计量经济学方面的世界权威教授。回国后，由于国内不让教西方经济学和计量经济学，林老师就改教数理统计，后来成为国内应用数理统计方面的权威。粉碎了“四人帮”之后，国家的重心转移到经济建设上来。特别是1978年党的十一届三中全会实行经济改革后，我感觉到经济学研究将是一个大有前途的领域，所以就报考了林老师的数量经济学研究生。当时林老师准备招收四个研究生，结果只有我一个人考上了。我的研究生入学考试专业成绩是全校第二名。

我从小就比较散漫，说话直爽，不喜欢弄虚作假、吹牛拍马的那一套，欣赏道家“无为而治”的处世态度。道家的“无为”并不是说什么也不做，而是指要按规律办事，借助一定的条件去取得成功，一切要顺其自然，特别是要充分发挥个体的主观能动性。我后来在上海财经大学经济学院办教育、搞改革，也是按照“无为而治”的基本思想来管理和治理学院的。在我看来，老子的“无为而治”是基于两个前提条件的，一个是制度，另一个是管理团队。我入学时，华中工学院的数学、物理、化学等专业还不是系，只是教研室，统属华中工学院基础课部。我当时不被基础课部领导喜欢，一个原因是他们认为我政治上不求上进，另一个原因是认为我讲究穿着。由于我穿解放鞋脚容易出汗，所以我喜欢穿皮鞋，于是他们就说我追求资产阶级生活方式。另外，因为我忙于准备研究生考试，从早到晚都在学习，对其他的事情不太关心，所以他们认为我在走“白专道路”。

参加完研究生考试后，快要期末考试的时候，刚好我祖母病了，我向寝室长请了假，没有参加期末考试就回家去了。寝室长也没有把我请假的事汇报给系领导。当时基础课部领导认为我刚考上研究生就骄傲了，居然不参加期末考试，再加上数量经济专业原本打算招四名研究生，却只有我一人够分数线，最终把我的研究生资格取消了。在家里听到这个消息，我非常沮丧。记得我独自在县城的长江边上静坐了4个小时，心乱如麻，不过还要强迫自己理顺思路，自我检讨如何吸取教训和制订今后的计划。我对自己说，哪里倒下去，就要在哪里站起来，一定不要泄气。然后，我立即赶回学校，准备下一年的研究生考试。在随后的一年里，我处处注意，力争有一个好的表现，参加所有班、部活动，结果被评为学校优秀共青团员、基础课部三好学生。由于表现和成绩都不错，在1980年5月毕业时我被留校当老师。随后我报考了1980级研究生，又以高分考上了。我终于在1980年9月成为林少宫老师的首届研究生，成为林老师的首席大弟子。这是我苦下功夫的结果，为我今后的经济学研究打好了坚实的基础。当时协助林老师带我们研究生的，还有李楚霖教授。在这些恩师的悉心指引和传授下，我从此走向了研究现代经济学的漫漫长路。

林老师对我进入经济学殿堂的启蒙和引导帮助巨大。林老师一直跟踪了解学术前沿，早在20世纪80年代初，他就读着非常前沿的文献、教科书和专著，如高山晟（Akira Takayama）的*Mathematical Economics*，富兰克林·M.费雪（Franklin M.Fisher）的专著*The Identification Problem in Econometrics*，约翰·S. 奇普曼（John S. Chipman）的关于总和（aggregation）问题的文章。这些教材、专著和文章，即便在今天的中国，也没有多少经济学家了解，就更谈不上吃透它们了。所以，华中科技大学是最早在中国介绍和讲授现代经济学的大学之一，培养了一批现代经济学人才。其中不少人像我一样在国外继续深造后取得了博士学位，在学术上有所建树。林少宫老师的人格魅力非常大，他的研究生都和他建立了深厚的师生情谊。2001年夏天，林老师的10多个学生从世界各地回到母校，专门为祝贺林老师从教50周年及80寿辰举行讲座，大家介绍了各自研究领域的最新发展和个人研究成果。讲座论文也专为祝贺林老师80寿辰而编辑为《现代经济学与金融学前沿发展》论文集，于2002年底由商务印书馆出版。林老师和我虽说是师生关系，但情若父子，可以毫不夸张地说，没有林老师在德与学方面的培育和潜移默化的身教，就没有今天作为经济学家的我。从报考林老师的研究生而相识起，我们就一直保持着密切的联系。我出国留学后，我们的信件往来非常频繁，一来一往持续了10多年，直至打电话方便才终止写信。林老师到美国探亲访问时，每次都要到我家小住几个星期，就像家人一样相处。每次与林老师通电话和相处，我都有讲不完的话，真实地向他谈自己的想法和看法，以至于我每当和敬重的人在一起也形成了这种交流习惯。无论是和我在美国留学的两位老师赫维茨和奇普曼，母校华中科技大学的老校长朱九思，还是上海财经大学的谈敏校长在一起都是如此。

由于林老师为人谦和，英语特别好，并且一直跟踪了解现代经济学前沿，改革开放后很快就恢复联系和结交了当代许多一流的经济学家，并与他们建立了深厚的友谊和良好的学术关系，通过这些关系将我们这些学生推荐出去。如20世纪80年代早中期访问华中工学院的赫维茨、费雪、邹至庄，后期的詹姆斯·J. 赫克曼（James J. Heckman）、罗伯特·恩格尔（Robert Engle）、丹尼尔·L. 麦克法登（Daniel L. McFadden）、让-雅克·拉丰（Jean-Jacques Laffont）等国外一流经济学教授，让我们出国前就受到了现代经济学良好的训练和熏陶。出国之前，我的硕士论文就是看了林老师从国外访问带回的费雪教授写的专著*The Identification Problem in Econometrics*之后写的，完成之后寄给了费雪教授（当时他还是*Econometrica*的主编），获得了他的好评，他给我的论文作了长达3页的评论，这使我做研究的信心大增。

在我成为研究生之后不久，学校开始推荐研究生出国留学，我也被列为公派出国留学人选之一。这对我来说，是一大喜事，也是一大难事。我从来没有想过出国留学。从父亲对出国留学及钱学森、华罗庚等人高度推崇的言语中，我从小就认为出国留学对自己来说是一件高不可攀的事。所以我读大学的时候，对英语口语根本不感兴趣，觉得能看懂英语文章就可以了。当时我只掌握了不到一千个英语单词，我对在大学时学英语从来不开口的短视行为感到非常后悔，自责太没有眼光，但这并没有使我出国的热忱减退，反而更使我下定决心恶补英语。朱九思校长办学的干劲非常大，一生都奉献给了教育事业。他对出国留学非常重视，想尽可能多地派人出去留学，但那时每个学校的出国留学名额有限，怎么办呢？朱校长对美国多所大学进行访问，特别是对麻省理工学院进行访问后，触动很大，提出华中工学院的追赶目标就是麻省理工学院。当时许多人嘲笑他，其实这些人不知道决定方向和愿景的基准点的极端重要性，只有向最好的学习，与最好的比，才有可能做得更好！华中科技大学的崛起和发展完全证明了朱九思老校长的眼光、魄力和睿智。此外，从朱九思老校长身上，我再次充分认识到，一个国家、一个单位、一个企业的改革和发展，最重要、最关键的取决于一把手，看他有没有改革意识，有没有改革智慧，有没有创新意识，有没有忧患意识，有没有解放思想。只要是一把手支持的事，赞同的人当然会主动尽力去做，而不太赞同的人或迫于压力或讨好上司也会去做，至少不会和领导过不去或公开反对去做。相反，如果是一个单位的一把手不支持的事情，那基本上就干不成，至少难度极大。这是因为在中国的行政体制下，一把手的权力是很大的。从这种意义上来说，让领导干部出国访问，会让领导大开眼界，只有领导的眼界打开了，做事情才可能事半功倍。

在麻省理工学院等名校访问中，朱九思校长了解了通过申请国外奖学金出国留学的相关措施。他一回国，就让我们这些已推荐出国的人自己申请国外的奖学金，一旦申请成功，就把公派出国名额让给其他人，这样就可以多派人出国。朱九思校长的这一举动在当时是一大创举，那时许多学校和学生根本都还不知道可申请奖学金出国留学这么一回事。由于朱校长的这一举动及采取其他种种措施，在我于1983年1月出国时，华中工学院已派出200多人留学，在当时所有的大专院校中出国人员数量排名第二，仅次于北大。朱九思校长对出国人员非常重视，无论怎么繁忙，也要挤出时间接见每一个即将出国的留学人员，我也受到了他的接见和谈话。我在申请出国留学和奖学金的时候，也规划好了自己要干的事。我在学习专业课的同时，也刻苦学习英语，并开始写硕士论文。我的论文是关于计量经济学方面的，是关于经济计量模型的识别问题。我只花了三个月的时间就把它写出来了，随后在1982年2月22日至3月3日有来自全国27个省、区、市和中央有关部门的数量经济理论工作者、教育工作者和实际应用工作者共150多人参加的全国数量经济学第一次讨论会，也是中国数量经济研究会的首届年会分组会上做了宣读。与这一分组中的茅于轼、史树中、杨小凯、张维迎等人由此相识。在攻读硕士学位期间，我发表了三篇英文专业论文及一篇中文专业论文。

我那时一边写论文，一边申请国外的学校，把写好的论文寄到所申请的学校。在林少宫和李楚霖两位老师的建议下，我申请了四所学校，张培刚教授、林少宫教授及李楚霖教授写了推荐信，最后明尼苏达大学的美国科学院院士奇普曼教授对我的论文很感兴趣，他就给了我研究助理奖学金。当时我出国的时候，英语口语水平几乎等于零，不会说，但是已经能写了。明尼苏达大学曾经专门安排一位在北京大学访问的教授，带来当时流行的国际学生英语水平测试密歇根考试（The Michigan English Test）试卷单独让我考，我没有通过。但奇普曼教授对我很有兴趣，他是明尼苏达大学校董事讲座教授，在学校很有地位，由于他坚持要录取我，明尼苏达大学研究生院通过特赦的方式把我的英语免了，并给了我奖学金。

明尼苏达大学第一次寄给我的是标准的I-20入学通知表，要我1981年秋季入学。但学校希望我学成后回国，让我以公派留学的形式出国，因而要求我用访问学者所用的J-1签证出国留学。在我拿到IAP-66入学通知表后，那年夏天教育部有了新的规定，在校研究生不能出国，只能毕业以后再出国。这样，我就决定加快学习进程，尽早毕业。结果只用了半年的时间，1982年元月，我就通过了硕士毕业论文答辩。明尼苏达大学又给我寄来了1982年元月入学的表格，但国内办出国手续特别复杂，来不及，推迟到1982年9月入学，结果又错过了。这样明尼苏达大学前前后后给我寄了五张入学表格，直到1983年1月底我才终于入学。我成为明尼苏达大学经济系第一个中国大陆出来的博士生。到校后，经济系的秘书告诉我，在我之前，系里还从来没有遇到过像我这么费尽周折才能入学的学生，明尼苏达大学经济系主管研究生的主任奥兹·布朗利（Oz Brownlee）教授曾担任过美国财政部副部长，在美国政界有不少关系，怕我申请美国签证时被拒签，特别通过美国国务院给美国驻华大使馆打招呼，为我的签证申请放行。这样，出国留学的愿望几经周折终于实现了。

总结自己求学的经历，我发现只要敢想，然后坚持不懈地去努力，理想多半会实现，就怕没有想法。我经常讲，如果目标只是60分，其结果就有可能不及格，而如果目标是100分，努力一下结果可能就达到了80分、90分。也就是“取法于上，仅得为中；取法于中，故为其下”。这也是经济学研究方法中的基准问题，经济学并不是跟社会脱节的学科，它研究的也不仅仅是理想状态，它给大家提供了一个参照系，也就是努力的方向。方向决定目标，一个人的眼光有多远，目标有多大，就决定了你能做什么样的事情。我追求的目标，比如上大学、考上研究生、出国、当教授，基本都如愿以偿。当然，你对自己要有一个大致的定位，不能空想，一旦目标明确后，要有坚韧不拔、不屈不挠、不达目的誓不罢休的毅力。要想办法实现目标，也就是军事上所谓的“战略上藐视敌人，战术上重视敌人”。百分之一的希望，按百分之百的努力去执行。没有前面“山穷水尽疑无路”的困境，哪有后面“柳岸花明又一村”的前景；没有前面“踏破铁鞋无觅处”的不折不挠，哪有后面“得来全不费工夫”

的喜人成果。事在人为，即使你没有成功，只要你努力了，就不会遗憾和后悔。

二 如饥似渴接受课程训练，打下现代经济学研究基础

我于1983年1月底来到美国明尼苏达大学。刚到的时候，我遇到的困难非常大，主要表现在生活、学习和语言方面。首先是生活问题。由于我是自费公派，自费和公派的好处都得不到。因为不是公费留学，所有的公费待遇完全没有，自己需要交学费和买医疗保险，也不像自费留学生，都有亲戚在美国，需要时能得到帮助。我到美国时手中只有按照规定兑换的30美元，第一个月的奖学金要等到一个月后才能拿到。幸好一位来自香港的雷鼎鸣学长在我刚到美国时给了我许多帮助。学费则是系研究生主任布朗利教授自掏腰包借给我的。雷鼎鸣在美国当了几年教授后回香港工作，回港后就一直在香港科技大学任教，直至近年退休，现在已是香港的知名人士。布朗利教授在我还在明尼苏达大学时就因癌症去世了。

其次是学习问题。我当时去美国学经济学遇到的困难的确很大。我到美国明尼苏达大学时，学校早已开学了大半年，而我在现代经济学方面的知识几乎等于零，困难可想而知。现代经济学在20世纪50年代以来发生了翻天覆地的变化，我在国内研究生阶段学的主要是计量经济学、数理统计

及运筹学等方面的知识。对现代西方经济学基本理论几乎没有什么了解。但几个月后，我基本上就没有困难了。因为别人的困难是学经济学遇到一个数学公式时看不懂，需要花很多时间去理解。而我当时的困难却不同，由于数理基础强，一看就懂，只是经济学基础差，需要抓紧时间去恶补。我首先花了两个星期就把哈尔·R. 范里安（Hal R.Varian）1978年第一版的*Microeconmic Analysis*自学完了，基本上有了信心。我的听力差，听不太懂教授讲的课，但是我的自学能力很强，这是考研究生时训练出来的，我就向同学借笔记。我的许多课程就是这样通过自学完成的，毕业时，我所有课程的成绩都是A。

最后就是语言问题。我的英语差给我的学习也带来了相当大的困难。由于我没有通过英语考试，学校就让我边上专业课边学英语。当时我的英语口语水平几乎等于零，和奇普曼教授见面后，我猜想他一定非常失望。因为我根本没法用英语和他交流，而又是他给我奖学金让我过去的。当时奇普曼只好让我做一些核查数据这样简单的工作。我看了数据就头痛，费时间，且学不到东西。我想，这多半是一个对我失望的信号。我觉得这不是一件好事，我应该改变自己的命运。于是我就问奇普曼教授："您有什么文章能给我看？"花了一个月看了他的一些文章后，我说我有一些想法想与他讨论，我一说出来他就两眼发亮。然后我又花了一个月把这篇文章写了出来，这时，我到美国才两个月左右。这篇文章是关于线性开支函数估计问题的。这个问题很难，难度是其误差项的协方差矩阵是奇异的，有很多种估计方法，就是没有一个精确估计的完美答案。后来奇普曼教授对系里华裔李龙飞副教授说："田真的不错！"从此奇普曼教授不再让我弄数据了，即使暑假也给我提供奖学金，让我和他一起写论文。到我毕业时，我一共和他一起写了5篇论文，后来都发表在经济学期刊和论文集中了。等到我博士毕业，奇普曼教授在为我找工作的推荐信中写道："田国强是我在明尼苏达大学经济系30多年来最杰出的学生之一，令所有人吃惊的是，他不仅取得了杰出的学术成就，而且进步神速，远超一般的博士研究生……""田可以称得上是一个多面手……通过他的研究成果，我对田抓住问题核心的能力与解决疑难问题的独创性印象深刻……""他非常具有创造性，他对他所接触的任何领域都会在已有的观点上进行突破。他可以同我们已在顶尖高校中任教的最优秀学生相媲美。"在信的结尾中，奇普曼教授写道："田是一个非常高质量的人才，对于任何拥有田的学校来讲，他都是一笔很大的财富。"我发现，有时候命运真的掌握在你自己手中，当你遇到困难，别人不了解你、看不起你时，那么你能不能找出自己的特色、特长，补短扬长，摆脱困境，找到一个突破点，来证明你自己呢？

明尼苏达大学经济系是当时世界上排名前十的经济系之一，在宏观经济和微观经济方面特别强，是理性预期学派的大本营，给我上过课的教授中就有四位先后获得诺贝尔经济学奖。当时，除了罗伯特·E. 卢卡斯（Robert E. Lucas）外，其他理性预期学派的大师都在明尼苏达大学，如爱德华·C. 普雷斯科特（Edward C. Prescott）、托马斯·J. 萨金特（Thomas J. Sargent）、克里斯·西姆斯（Chris Sims）、尼尔·华莱士（Neil Wallace）等教授，他们中的前三位教授后来获得了诺贝尔经济学奖。理性预期学派是新古典宏观经济学的主要组成部分，在某种意义上接近道家"无为而治"的思想，它的核心是强调经济自由的根本重要性及政府直接干预经济活动的无效性。之所以"无效"是由于人们往往会通过改变自己的行为方式来抵消和降低政府经济政策的作用。用中国的俗话来说，就是"上有政策，下有对策"，从而使得政府政策失灵。微观经济理论和数理经济学方面有赫维茨和奇普曼这两位美国科学院院士，赫维茨主要是做经济理论和数理经济学方面的研究，奇普曼主要做国际贸易和计量经济学方面的研究。奇普曼是新古典国际贸易方面的权威，是一个真正的多面手，在国际贸易、偏好总和理论、消费理论、计量经济学、福利经济学、线性代数、经济文献史、总和需求开支函数的估计等许多领域中做出了重大贡献。此外，还有数理经济学家马塞尔·里克特（Marcel Richter）和詹姆斯·乔丹（James Jordan）等一批知名教授。在美国拿到经济学博士学位一般非常难。特别是在明尼苏达大学经济系，一般要5~7年才能拿到博士学位。明尼苏达大学经济系非常强调扎实的宏微观经济学理论基础的培养和分析工具方面的训练，但三分之二的博士生在求学期间会被淘汰，拿不到学位。

明尼苏达大学经济系的博士资格考试非常难，入学一年之后要淘汰一半左右的学生，主要是因为学校要求学生都要通过四门课程的博士资格考试。一年学时的微观经济学和宏观经济学两门系列课程是获得博士资格的必考课程，还要自选两门一年学时的专业系列课程作为博士资格考试课程。成绩好的学生按正常进度一般也要两年才能通过四门课程的资格考试，有些学生三四年后还没有通过这四门资格考试。只有通过了四门课程的博士资格考试才能有资格成为博士候选人。当时我和我的同学最大的愿望就是能通过每门课的博士资格考试。考完试以后，要等两三个星期才能知道结果，考试成绩放在封好的信封中。我记得有个美国同学拿到通知信后，不敢马上打开，开车跑到很远的湖边，先向上帝祷告一番后，才拆开看结果。除此之外，还要上另外两个一年学时的专业系列课程及其他博士课程。然后是博士论文选题、博士论文题目答辩、博士论文写作，到最后博士论文答辩完才能拿到博士学位。

尽管如此，入学几个月之后，我自学补上了落下的所有课程，成为班上成绩最好的学生之一，自己也变得雄心万丈，起初想一次性通过四门课程。为此，我复印了同学借给我的所有课程笔记，阅读了授课老师所指定的大量论文，反复练习当时前十年的所有资格考试试题。最后，为了有把握能顺利通过考试，同时也在一些学长的劝告下，我还是选择放弃了两门。在1983年出国仅半年的夏天就通过了微观经济学和数理经济学两门课程的资格考试，又用了半年通过了宏观经济学和计量经济学两门课程的资格考试。这样，来到美国短短一年之后，我成了博士候选人。之后，我开始选修资格考试以外的其他系列课程，有时注册，有时为了省钱自己去听而不注册。我进步快速，感到能在名师云集的明尼苏达大学经济系学习非常幸运。在明尼苏达大学经济系学习的同时，我差不多花了一半的时间去数学系旁听为数学博士生开的课，为今后的高深研究打好数理基础。

三　追随名师专攻机制设计，步入现代经济学研究殿堂

1984年春季，我基本学完了所有课程，秋季开始做博士论文的选题工作。在国内我是在林少宫教授的指导下做计量经济学的研究，本来打算跟奇普曼教授一起写我的博士论文，其风险很小。因为到那时为止，我已经与他合写了3篇论文，完全可以作为我的博士论文的一部分。但是，赫维茨教授的经济机制理论这门课引发了我的研究兴趣。激励机制设计理论是专门研究一个经济制度或企业组织中个人理性与社会目标或委托人目标是否及如何让它们激励相容的理论，主要研究如何调动人们的积极性和主观能动性问题，即他人即使逐利，也正好做了你想做的事情。这个理论的一些结果和思路正好可以用到中国的经济制度转型和经济改革当中去。于是我就决定选经济机制理论的开创者赫维茨做我的博士论文导师。当时中美之间社会经济发展的落差使我感到的震撼与痛苦，也让我坚定了自己的选择。当然这样的选择使我对奇普曼教授感到十分内疚，是他费了九牛二虎之力将我弄到美国当他的学生的，并给我研究奖学金，是奇普曼教授改变了我的人生，没有他的欣赏，我到不了美国留学，所以

这样的选择当时对我来说是非常纠结、艰难和遗憾的。幸好奇普曼教授非常宽容，很理解我的选择。为了减轻我对奇普曼教授的内疚感，我特别请他作为我博士论文答辩委员会的主席①。明尼苏达大学与美国许多学校不一样，指导老师和答辩委员会主席可以由不同的教授来担任。

开始，我向赫维茨教授要博士论文题目。赫维茨教授对学生要求很严，从不给学生论文题目，要他们自己去找。对我也一样，他没有给我任何题目，而是给了我一堆文章，列了一批论文文献让我去读。花了三个月左右的时间大量阅读论文后，我列了四个博士论文题目和对每个题目我想解决的问题给赫维茨教授看。他看后对我说，任何一个课题完成后，都可拿到博士学位。其中有一个课题就是关于如何设计出相对简单、可行和具有可操作性的一些良好性质的具体激励机制，还有一个就是毕业10年后才着手研究，论证私有的竞争市场机制是唯一的利用最少信息并且产生了资源有效配置和个人理性配置的机制。我当时为了保险，就选了第一个课题作为我的博士论文。这个课题相对容易，就是关于具体激励机制设计方面的。赫维茨教授还对我说，我应该以先拿到博士学位为首要目标，要减少自己不能拿到博士学位或教职的风险，等毕业后再做比较艰深的研究。

① 多年以后的2012年，我还与奇普曼教授在国际著名经济理论期刊*Economic Theory*上合作发表了1篇论文，对赫维茨教授于1995年所发表的关于科斯定理的论文的证明给出了反例，对比准线性假设更弱的情况给出了科斯定理成立的充分必要条件的证明。参见John S. Chipman，Guoqiang Tian.Detrimental Externalities，Pollution Rights，and the Coase Theorem.

赫维茨教授是犹太人，1917年出生于波兰，第二次世界大战中来到美国，是我至今遇到的最聪明、最有才智的人。赫维茨的最高学位是在波兰时拿的相当于硕士学位的一个法学学位，来美国后，他没有去拿博士学位，而是直接从助理教授做到教授。赫维茨做了许多开创性的工作，他起初的兴趣主要是数理统计和计量经济学，对动态计量模型的识别问题做了奠基性的工作，他在1947年首先提出并定义了宏观经济学中的理性预期概念。他和肯尼斯·J. 阿罗（Kenneth J. Arrow）等人研究出了如何从需求函数的存在来证明效用函数的存在这一结果，从政治经济学的角度看，这是一个相当重要的结果。效用是现代微观经济学消费理论中的一个基本概念，是整个现代经济学的基础。但传统的政治经济学认为，效用是一个唯心的概念，它不存在，在以往的国内政治经济教科书中一直受批判。赫维茨和肯尼斯·J. 阿罗等人还对竞争市场一般均衡的稳定性研究做了开创性的工作。当然，他最重要的研究工作是开创了经济机制设计理论。激励或激励相容已经成为现代经济学中一个核心的概念。赫维茨教授在学术上获得了许多荣誉，比如他是美国科学院院士、美国经济学会院士、总统奖获得者、明尼苏达大学校董事会讲座教授等，一直被提名为诺贝尔经济学奖候选人，直到2007年才与埃里克·马斯金（Eric Maskin）、罗杰·B. 迈尔森（Roger B. Myerson）一道获奖，而应用该激励机制理论的基本概念和原理，开创信息经济学领域的委托代理人理论的詹姆斯·莫里斯（James Mirrlees）和威廉·维克瑞（William Vickrey）则在1996年就获得了诺贝尔经济学奖。

赫维茨的数学和数理统计都非常好，他也是明尼苏达大学数学系和统计系的教授。同时，他的兴趣非常广泛，对语言学颇有研究，和我们学生聊天时，往往聊的是语种的发源和各语种之间的关系。赫维茨教授也非常风趣，很能活跃课堂和会场气氛。他对中国的经济改革非常感兴趣，到中国访问过多次。可能是关心中国的原因，他和我师生关系很好，我经常被邀请到他家去吃饭。为了方便访问中国，在我还在明尼苏达大学念书期间，他还自学中文，认识好几百个汉字。赫维茨教授还有一个特点，他能够根据每个人的经济学知识的多少和训练的不同，用非常通俗或严谨的语言把高深的问题讲得异常透彻。他的课非常有趣且通俗易懂，同学们都喜欢听，但他的考试却很难。我记得在我修读他上的微观经济系列III时，有三分之一的同学得C，三分之一的同学不给成绩，需要重修或完成附加的要求后再评定成绩。他指导博士生也非常严格，他手下的学生一般要学六七年才能拿到博士学位，很多人甚至还拿不到学位，所以他的博士生不多。但是，“严师出高徒”，他培养的学生一般都比较优秀，比如他的学生丹尼尔·L. 麦克法登（Daniel L. McFadden）在2000年获得诺贝尔经济学奖。

我选定博士论文题目后，花了半年的时间，博士论文的主要成果就基本做出来了。在赫维茨教授指导我写作博士论文的过程中，我从他那里学到了许多东西，例如考虑问题的方法和角度，写文章的简洁性和严谨性。论文第一章的初稿是1984年底完成的。赫维茨教授在一个星期后将论文交还给我，他把我的论文看得非常仔细，论文上写得密密麻麻。赫维茨教授告诉我，写论文一定要直截了当，不要故弄玄虚，不常见的术语要给出定义，新定义还要适当做经济含义方面的解释，思维要连贯，语言要简洁，证明要严谨，他还指出了我论文引理中的一个错误。我回到办公室后，坐在书桌前细读文稿上的修改与质疑，越看越佩服，崇敬之心油然而生。非常荣幸能在这位经济学泰斗的亲自指导下学习，让我学到了许多终身受用的东西，这使我的研究进入了一个新的境界。我在明尼苏达大学用了四年多一点的时间就拿到了博士学位，但其实在前两年我就完成了论文，此后两年主要是旁听各种学术讲座和翻阅大量经济学方面的论文。

我个人兴趣比较广泛，除了自己的专业研究外，还喜欢看各类经典书籍。来到美国后，开始对时政、社会和人文科学方面的书籍报刊感兴趣，以前在国内念数学时对这方面的东西却没有太多的涉阅。如前所述，我直到出国后才开始关注中国的改革和发展。20世纪80年代初到美国时，中国和美国在各方面的差距都非常大。我对美国的经济发达、富裕，公共设施（如高速公路）的完善和先进感到震撼。那时美国的媒体对中国几乎没有什么报道。这些反差迫使我思考如何才能让中国像美国一样富强。从那时起，我就开始结合国外各种经济、社会模式思考一些关于中国经济改革与中国体制转型的制度性问题，也经常和雷鼎鸣学长及许多中国留学生一起探讨、争论中国改革中遇到的一些问题和探测前景。在明尼苏达大学的最后两年中，我阅览了许多非经济学书籍。明尼苏达大学有一个东亚图书馆，藏有中国历朝历代直至现代的许多经典书籍，其中不少书在当时的国内是无法看到的，我差不多每个下午都待在那里，几乎将馆里每一本书都翻遍了，翻阅了许多传记、史记、名人回忆录、年代久远的期刊。这些书籍对开阔我的眼界和帮助我思考作用良多。

四 埋首现代经济理论研究，获得国际学术共同体认同

我在做出先留在美国工作几年的决定后，就开始申请工作。系里将我的申请材料寄往我所申请的学校，这些材料包括三封推荐信、个人简历以及求职论文（job market paper）。除了奇普曼的求职推荐信外，还有赫维茨和瑞克特教授的求职推荐信。他们两人在推荐信中也给予了我较高的评价，赫维茨在推荐信中写道："田是一个真正杰出（genuinely outstanding）且非常有前景的经济理论和数理经济学研究者。他在攻读博士期间至少完成了7篇论文，并且每篇都非常优秀……我认为田在他的论文中所提供的研究技巧对于机制研究的其他领域也非常有用。……" 在推荐信的结尾，赫维茨写道："总之，我由衷地向任何一流的经济系推荐田国强先生。"

一般来说，系里总是希望自己优秀的博士毕业生去学术界工作，这是因为系排名标准之一是看这个系有多少博士毕业生去了学术界，且是否有知名学者毕业于这个学校。而优秀的博士毕业生一般也希望能进学术界，这是由于教授在美国是一个比较受人尊敬的行业，社会地位比较高，且一旦拿

到终身教职后，可以做任何自己喜欢的研究，并且都算自己的研究成果。如果获得终身教职，学校是不能辞退的，除非这个系关闭，但这种情况极少发生。因此，具有终身教职是异常保险的。立终身教职的主要目的是保证教授们的学术自由，教授一旦拿到终身教职，就不必担心由于自己学术观念不同而被政府、学校或系主任辞退。当然，什么事情都有得有失，不少人拿到终身教职后，就不再努力做研究了，所以现在在美国，终身教职这一制度安排受到不少非议。另外，教授在时间上也比较灵活，不需坐班，每年还有三个多月的暑假，一个月左右的寒假。

系里将我们这些找工作的博士候选人进行排名，分发到招聘学校向它们推荐本系的学生。我得到了包括麻省理工学院等20个左右学校的面试邀请。找工作的博士生面试基本上都是在美国经济学年会期间进行的。在美国，经济学家的供需市场是一个相当大的市场。在会议的三天时间内，千名以上的求职博士生被招聘学校面试。面试官由3名左右成员组成，主要是问博士论文的要点、其他研究及今后的研究打算，能教什么课，等等。一般来说，学术职位的竞争非常大。一个职位会有上百名甚至更多的求职人申请，招聘学校会从申请人中邀请10名左右的求职博士生进行面试，然后从其中挑出3人左右进行校园访问，对所招聘的人进行更仔细的考查，与系里更多的教授会面，当然最重要的事项是求职论文演讲，这是找到工作的关键。听讲人将根据这场演讲来评价求职人的研究水平、求职的表达能力、语言能力高低等。听演讲的教授作为个体，一般没有大的决定权，但如果持反对意见的话，就会影响系主任最后的录取决定。当然，也有许多学校比较民主，系主任没有什么决定权，需要由具有终身教职的教授们投票表决，需要绝大多数人同意才可以。最后给决定录用的人发聘用信。我面试完之后，有几个学校邀请我到校园访问，包括纽约州的罗切斯特大学和得克萨斯A&M大学等4所大学给了我校园访问的机会。最后，得克萨斯A&M大学经济系在1987年2月底给了我助理教授的职位，要我秋季去那里工作。

在找工作之前，我还不知道得克萨斯A&M大学。其实得克萨斯A&M大学在美国是一所比较知名的大学，是得克萨斯州最早成立的一所州立大学，当时有4.5万名学生左右（现在有近6万名在校生），按校园人数算是全美五大学校之一，按校园面积算是全美最大。江泽民同志于2002年访问美国时还专门到设立在得克萨斯A&M大学的布什图书馆给学校师生做过演讲。A&M代表农业和工程，1876年成立时，只有农学院和工学院，所以中文的翻译是得克萨斯农工大学，不过，教育部将其翻译成了得克萨斯农机大学。现在它是一所综合性大学，就像麻省理工学院不只是学院，而是一所综合性大学一样，但得克萨斯A&M大学没有像其他州的农工大学改名为州立大学，只是为了保持这个学校的品牌。在早期，由于没有这么多学科，许多州立大学都叫农工大学，现在大多已改了名，只有为数不多的学校还叫农工大学。得克萨斯A&M大学还有一个军校，1991年海湾战争爆发时还去了200多名军校学生。我那时想，这个学校叫得克萨斯工农兵大学可能更为恰当。这下可好了，工农兵家庭出身（本人当过工农兵），上的是工农兵大学，现在又要去工农兵大学教书，我这一辈子和工农兵真是有缘！

1987年5月我的博士论文进入最后答辩环节，答辩委员会由五位教授组成，除了赫维茨和奇普曼教授外，还有前面提到过的里克特和乔丹两位经济系的教授，另外一位是数学系的系主任汉斯·F. 温伯格（Hans F. Weinberger）教授。经过两个小时的答辩，五位教授一致同意授予我博士学位。我终于拿到了博士学位。古人讲，“三十而立”，我却三十一岁才立，比古人讲的晚了一年。我的博士论文获得了全美斯隆博士论文奖（Alfred P. Sloan Doctoral Dissertation Fellowship）。这个奖当时每年在美国只评选25名，只给经济学和数学前25名博士候选人。其他专业的学生，即使你有资格也不给你，很难拿到。

1987年7月底，我来到了得克萨斯A&M大学经济系当“终身轨”（tenure-track）助理教授。在美国当大学助理教授有两种类型：“终身轨”和“非终身轨”。终身轨是拿到终身教职的必要条件，相当于“正式工”；而非终身轨相当于“临时工”或“合同工”，无论工作多久，都不可能转正。美国的助理教授不同于国内的助教或讲师。只要这个系招博士生，即使是终身轨的助理教授也可能是博士生导师并担任博士答辩委员会主席。因此，在美国，具有终身轨的助理教授是名副其实的“博导”。当时在美国当经济学教授的中国留学生非常少。在国外，同等水平的情况下，国际学生在美国找工作一般来说比较吃亏。因为文化不同，再加上语言没有以英语为母语的人讲得流利，好学校担心你教学有问题而拒绝你，你只能到次一级的学校去，除非你比别人出色很多。我觉得要想被别人承认，就要发挥自己的优势，做别人不能做的事情，研究高深的知识，尽力多发表文章。在美国研究型大学，一般要花6～7年的时间才能拿到具有终身教职的副教授，一般要12～15年才能由助理教授成为教授。

不像中国的大学，美国的大学治理模式是高度的自治和非行政化，靠的是基本的制度规则，真正做到了学术自由和无为而治。我还记得1987年博士毕业后去得克萨斯A&M大学经济系任教，当时的系主任Thomas Saving（托马斯·萨文）教授就管教师管得非常少。让我最吃惊的是，当年9月第一次开系全体教师大会，他讲了半个小时就结束了，最后说了一句话："See you next year."一年就开了半小时的会！是不是我们教师从此就"放羊"了，就不努力做研究和不认真教学了？完全不是！虽然说是每年开一次会议，说明年见，但每年工资的涨幅是和你的科研、教学和服务挂钩的，拿不到终身教职，是必须"走人的"。即使成了终身教授，也仍需要努力做研究，对助理教授来说，为了拿终身教职，大家几乎每天都在办公室搞研究，甚至很晚都还在办公室。在美国研究型大学拿到终身教职非常不容易，需要发一定数量的论文且要有几篇高质量文章发表在国际一流期刊上，还要搞好教学，参与系里的一些事务性工作。我所在的系有三分之二的助理教授拿不到终身教职，最终只好被淘汰。要拿到终身教职，需要继续努力发文章，在自己所从事的研究领域中有一定的影响力和知名度。

在博士毕业后的几年中，我的学术创造力达到了十分旺盛的程度，在经济学学术海洋的最前沿探险，在研究中学习新东西和新技巧，不断扩大自己的知识面。我只用了三年多一点的时间就被破格提升为副教授并拿到了终身教职。这样短的时间内获得终身教职，在得克萨斯A&M大学是很少见的。1990年，系里评终身教职的工作早在五六月份开始，10月份就结束了。11月，当系里得知有其他学校对我有兴趣时，担心我离开，便立即采取紧急措施，通常至少要花费半年时间的终身教职审批过程只用了一个月的时间就完成了。这个过程包括本人提交自我鉴定报告，找校外大约5名教授写评审鉴定信，组成评审委员会拟写评审报告，提交给系里具有终身教职的教授们讨论，系主任拟写综合全系的讨论报告并给出自己的推荐意见，提交给文学院学术委员会讨论，文学院院长审批，校教务长批准。按照美国研究型大学的通常做法，校外评审人都是著名教授，大多是所在研究领域的权威，比如在我提升的过程中就有马斯金和拉丰给我写过推荐信。11月底，系主任通知我，我的终身教职已由教务长批准了。至此就基本上没有问题了，剩下的只是走过场，需要校长和校董事会过目，最后由校长发聘书，像其他申请终身教职的人一样，1991年我顺利晋升为副教授并获得终身教职。1995年我又被破格提升为教授，这年我39岁，在美国经济学界在这个年纪成为教授是比较早的。在8年的时间内成为教授，这在我们学校的历史上也是少有的。我也成为改革开放之后国内留学北美的经济学家中第一个在美国大学获得终身教职、第一个成为教授的经济学家。

在我为拿终身教职、升教授奋斗的那些年中，我写论文的速度非常快，差不多一年能写近十篇文章。那时，被系主任赞为“文章的生产机器”。其实，写文章做研究并不是非常难的一件事，在读大学的时候，我以为要打好非常坚实的基础，才能做研究。其实不完全是那么一回事。有坚实的基础当然好，但问题是你需要花很长的时间才能出成果。为了加快出成果的速度，应该是在游泳中学会游泳，在研究中学习新东西和新技巧，不断扩大自己的知识面。只有这样，才更具有针对性，才学得快、记得牢，且学的东西都是你最需要的。除了必要的基础，读论文要从最新的论文读起，最好是从未发表的工作论文（working paper）看起，这样你一下就能达到研究的最前沿，已发表的文章至少两三年前就已写出，更新的结果可能已经被别人做出来了。每篇文章后面都有相关的文献，可从里面找出与论文主题非常相关的那些论文学习，从这些论文中又可找出更早的论文，这样便可在短短的两三个月时间内，对有兴趣的研究领域有一个大致了解。另外，读论文，一定要带着问题去读。任何一篇文章不可能完美，或多或少都有它可改进的地方，比如它的假设性太强，结论不符合实际，或模型太复杂等。即使文章本身没有太大改进的空间，结果很有新意，理论很新，但是否可把其中的思想、想法借鉴到其他领域中去，从而对其他领域做出贡献呢？

一般来说，在国外发表论文很难，竞争非常大，从写出文章到正式发表的周期很长，一般来说要两三年，有时甚至要拖五六年才能发表。由于我博士毕业头些年主要精力在经济学原创性研究上，这期间我在*The Review of Economic*

Studies, *International Economic Review*, *Journal of Economic Theory*, *Journal of Public Economics*, *Journal of Mathematical Economics*等国际经济学综合顶尖和领域顶尖学术期刊发表了大量论文。在1989—1993年世界经济学家在国际知名经济学杂志发表论文数量和论文引用次数的排名中，位列第247位，在华人经济学家中排名第2位。在1990—2000年的排名中，按论文发表数量，位列第282位，在华人经济学家中排名第4位；按论文引用次数，位列第504位，在华人经济学家中排名第4位。曾多次被*Who is Who in Economics*列为世界有影响的经济学家之一。

五 心系中国经济改革大计，助推中国市场化制度转型

在拿到终身教职之前，尽管我也一直积极关注着中国的改革开放并通过各种方式贡献着自己的所学，但绝大部分的时间和精力仍然投在了纯学术研究上。1991年获得终身教职后，身为中国留美经济学会（The Chinese Economists Society，简称CES）的一名资深会员，我欣然接受了一些老会员的劝说，开始担任该学会1991—1992年度的会长。我那一届的理事会实力很强，副会长是易纲，前任会长陈平和张欣是理事会成员，还有赵海英和张帆等人，他们给了我许多帮助和支持。大家齐心协力想把学会办得更上一层楼。易纲、陈平、赵海英及张帆现在都在国内工作，易纲是中国

人民银行行长，陈平是复旦大学新政治经济学研究中心研究员、学术委员会主任，赵海英在中投公司担任领导，张帆是北京大学国家发展研究院创始教授。我们在一起合作得很好，做了许多事情，开展了大量学会活动，新立了许多项目，有的直到现在还在继续进行。

我们那一届是CES发展过程的一个重要转折点。当时CES基本上是一个学生组织，出版一个会刊，活动很少，在中美两地都不太有影响力。在我们这届理事会的积极筹划和领导下，学会开展了大量活动，新立了许多项目。我们做的第一件事，就是使CES加入美国社会科学团体协会。美国社会科学团体协会是一个以美国经济学会为主、具有几十个分会的学术组织，每个分会都与经济学或金融学有关。美国经济学会是美国社会科学团体协会最大的分会。经过我们理事会的努力，CES终于在当年如愿以偿地加入了美国社会科学团体协会，成为它的一个分会。这标志着中国留美经济学会受到国际经济学界的认可，从一个学生组织转变为一个专业学术团体组织。从那时起到现在，在每年元月初举行的美国社会科学团体协会年会上，我们经济学会都要举办两个有关中国经济和中国经济改革的专题讨论。其中一个是和美国经济学会共同举办的，这大大增加了我们经济学会在国际学术界的影响力。

我们那届理事会所做的另一个项目就是争取在国内和某个单位联合举办关于中国经济改革的研讨会。当时我们找的合作对象是中国科学技术协会。由于种种因素，最后没有实现。随后，在易纲为会长的下一届理事会终于实现了在国内举办学术研讨会的愿望。1993年中国留美经济学会与中国（海南）改革发展研究院合作，在海口联合举办了该学会在国内的第一届学术会议，许多国内外知名人士都参加了此次会议，国内的有马凯、童大林、周小川、林毅夫等人，来自海外的学者有邹至庄、张五常、易纲、雷鼎鸣、魏尚进等人。从此以后，中国留美经济学会每年在国内联合举办一次研讨会，从未中断过，在国内影响力也越来越大。2006年7月，我担任院长的上海财经大学经济学院与中国留美经济学会、中国浦东干部学院联合主办了当年的CES年会，年会主题为"中国经济和谐发展：效率、公平与法治"，时任教育部副部长吴启迪、时任财政部副部长楼继伟、时任中央财经领导小组办公室副主任陈锡文等部委领导及海内外众多著名经济学家、法学家与会，会议规模达400人。

此外，由我和易纲主编的一套"市场经济学普及丛书"（14本），1993年10月由上海人民出版社出版。在我担任CES会长期间，正逢中国改革开放过程中的第二次思想交锋兴起之时。1989—1992年，各种极"左"思潮利用改革过程中的一些失误，打着各种道德旗帜，由一些具体领域改革的失误推演出整个市场化大方向改革的失败，退回到"改革好还是'文化大革命'好""姓资好还是姓社好""计划好还是市场好"这个多少年前的初级问题上，再次陷入了历史循环的争辩之中。1992年初邓小平南方谈话之后，我们预感到中国将会掀起一场经济市场化改革大潮。然而，经历了这样一场思想混乱之后，无论是学术界还是民间，都亟须进行一场对于什么是市场经济、如何认识市场经济、怎样建设市场经济的再启蒙、再反思、再教育活动。在这一历史性时刻，中国留美经济学会就组织在海外留学的学会会员用通俗的语言编写了14本关于市场经济学的普及丛书。我们不少会员满怀激情地投入这项工作，其中我和张帆合作撰写了《大众市场经济学》。1992年党的十四大召开，明确我国经济体制改革的目标是建立社会主义市场经济体制。这套丛书正好赶上这个时机。这是国内第一套通俗地介绍现代市场经济学的普及丛书，当时我们在北京、上海、武汉各开了一个很有影响力的新闻发布会，许多领导和新闻媒体都参加了发布会。我们给从中央到地方的许多领导及大专院校赠送了这套书，这在当时产生了很大的影响。我认为这是一件很有意义的事情。这套丛书在国内首开由海外中国学者编撰大型成套通俗理论读物的出版先河，为国家坚定走市场经济道路提供了一些理论镜鉴。这套丛书在1994年还获得了中国国家图书奖等四个国家级大奖，至今仍然是许多经济学子的入门读物。“市场经济学普及丛书”的好评如潮给了我研究中国问题的巨大动力，让我充分认识到社会转型时期思想上的理性启蒙工作的极端重要性。

于是，自1993年以来，除在海外学术期刊发表英文原创性研究成果外，我也开始将目光投向国内各种严肃的学术期刊以及一些在国内思想界有重要影响的阵地。在系统介绍自己在激励机制理论研究过程中所取得的成果的同时，也陆续发表自己对于改革过程中一些具体问题和政策的评论，涵盖国有企业改革、银行业改革、社会保障体制改革、民营经济发展、幸福经济学与和谐社会等多个方面共30余篇论文（著作）。这里略举几例。在发表于《当代中国研究》1994年第1期的《中国经济市场化的前景与问题》一文中，我谈到了自己归国后的一些观感，对改革15年所取得的非凡成绩给予了充分肯定，同时也对农村改革、城市经济改革和教育危机三方面提出了不少建议；在发表于《经济研究》1994年第11期的《中国国营企业改革与经济体制平稳转轨的方式和步骤——中国经济改革的三阶段论》一文中，我强调了经济机制运行良好的"四项基本原则"——承认人的自利性、给予人们自由选择的权利、实现分散化决策、引进激励机制，进而指出中国经济改革要平稳地完成向市场经济体制的转轨需要经历经济体行为决策自主化、所有制形式竞争市场化以及被淘汰的国有企业民营化这样三个阶段；在发表于《当代中国研究》1995年第2期的《论中国经济制度转型中的中央、地方和分散决策的关系》一文中，我驳斥了当时某些学者对于经济分散化决策导致国力衰弱、市场秩序混乱甚至国家分裂的危言耸听的论调，严肃探讨了转型时期中央和地方政府的财政权限。

特别是2006年7月在中国浦东干部学院召开的中国留美经济学会年会上，我在所宣讲的主题论文《和谐社会的构建与现代市场体系的完善——效率、公平与法治》中，通过严密的经济学逻辑和实践真知论述了现代市场经济体系是构建和谐社会的必要条件，是实现效率、公平与法治的基石，主张减少政府干预，发挥市场作用；实行依法治国，改善制度环境；保证机会均等，创造公平起点；继续产权改革，提高经济效率；打破政府垄断，推行行政改革。在大会宣讲时，我也感慨地讲了几点题外话，至今仍然有很强的现实意义。曹东勃博士在《学术、教育与人生——记著名经济学家田国强教授》（《决策与信息》2006年第9期）一文中，记录了我说的这段话：

“本次会议主题的确有着深刻的时代背景。改革开放28年来，我们的国家在走出了计划体制的束缚后，在市场机制的作用下，取得了举世瞩目的成就。当然，在这项史无前例的探索过程中，也出现了基于中国国情的许多新问题。在过去的28年间，我们发生过三次思想的论战，一次是1978年开启的‘真理标准大讨论’，一次是1992年的‘姓资姓社大讨论’，最近两年实际上进入了第三轮思想交锋期，人们面对改革深化过程中更多难题的挑战产生了新的畏难情绪、怀疑情绪甚至于退缩情绪。有人干脆就说，我们的改革方向就错了。在这种舆论背景和学术界的争议声中，本届留美经济学会主席张晓波教授去年联系到我，感谢他对我这个老会长的信任，我们最后共同确定了‘中国经济和谐发展：效率、公平与法治’这样一个主题……经济学者必须具有强烈的社会关怀和严谨的工作风格。中国留美经济学会成立21年来，我们始终如一地坚决支持中国的改革开放的基本国策。中国的改革开放事业是一个千载难逢的、需要大量智力支持的伟大事业，我们的每一个会员、每一个中国经济学研究者都应该有一份历史责任感，对于中国社会、经济、政治的现状和发展保持关注，但同时也务须保持头脑冷静和理性，在作政策性建议时要非常谨慎，要因时、因地、因人、因事地运用现代经济学的基本方法和分析框架来研究中国的问题。否则，很容易由于改革的方式或方法出现问题，一些人会否定改革的大方向或原则。在错误的方法论指导下开出的药方，不仅误导舆论、混淆视听，更加贻害国家和人民……只要脚踏实地地坚持改革开放的基本原则，坚持社会主义市场经济的导向，中国的和谐发展之路会越走越宽，中国的未来也会越来越光明！”

我们那届理事会还对学会组织建设和学会期刊做了一些大的动作。我们也使学会办的英文期刊*China Economic Review*（《中国经济评论》）的管理更规范化和制度化了。那时，学会期刊几乎处于停刊的边缘，个别人为当期刊主编争得很厉害。为此，理事会制定通过了期刊主编的任命和任期、期刊发行的具体规则，与美国一家出版社签订了期刊出版发行合同。时至今日，《中国经济评论》已经成为国际知名的关于中国经济研究的权威期刊之一。与此同时，为了进一步在国内推广现代经济学教育，我们那届理事会制定了一项资助政策，每年派会员回国讲课，由学会资助他们人均2000美元。这项政策如同一个教育的播种机，对于现代经济学在国内大学的推广起到了非常重要的作用。需要说明的是，当时由于政策限制，经济学会无法从国内获得经费资助，所以这笔经费及学会活动经费的主要来源是福特基金会等国际上的公益性基金组织。为了解决学会的生存和发展问题，同时守住底线，我们当时还专门通过了一个决议，就是不排斥任何外部的经费资助，但是不接受任何附加条件。除此之外，我还和洪朝辉教授一道发起组织成立了中国旅美社会科学教授协会，我还担任了首届主席（1995—1997年）。

随着当前各学科间的互相渗透，交叉、边缘组合已成为当代社会科学发展的潮流和重要特征。许多社会科学问题的研究，如中国的体制转型，是属于综合型的、涉及多领域的现代社会工程问题的研究，不是单一社会学科所能解决的，需要同时集中多学科的专家来解决。做学术研究一定要有前瞻性，走在时代的前沿。

六 以人为本育才揽才储才，引领中国经济学教育改革

我一直认为，一个好的学者，同时也应当是一个好的老师和教育家。也许是受到本科时代朱九思校长对于教育事业的那份执着精神的影响，我对于教育事业特别是经济学教育有着极大的兴趣。在拿到终身教职之后，我便经常利用假期回国讲学，先后担任清华大学特聘教授、北京大学兼职教授、浙江大学竺可桢讲座教授、香港科技大学兼职教授、武汉大学兼职教授、西北大学兼职教授、华中科技大学数量经济与金融研究中心副主任等职，并在国务院发展研究中心国际技术与经济研究所等单位从事研究工作。

教育兴国、人才强国是国家根本发展战略。世界主要强国之间的竞争就是资源的竞争、人才的竞争、制度的竞争和话语权的竞争，其中至为重要的是人才的竞争和话语权（包括以科教水平为标志的学术话语权）的竞争，它们都是与教育相关的。中国市场化改革是不可逆转的，特别是在经济全

球化和高等教育国际化的时代背景下，中国要从大国崛起为世界公认的强国，具有国际竞争力的高层次创新人才培养和储备至关重要，因而急需高度重视教育，遵循办教育的客观规律，进行深层次的教育改革。在这种情况下，就需要和世界经济体制接轨，就需要许多经济、管理方面的人才。人才的培养，是百年大计，所谓“十年树木，百年树人”。尽管我是改革开放后较早出国学习现代经济学的人之一，可能占了点先机，但是我希望越来越多的人超过我。继续努力推广经济学的教育和研究，引进现代经济学的教材和教学方式，抓好本科生经济学的基本训练和打好数学的扎实基础，这些都是培养世界一流经济学家的必要条件。从本科生按高标准抓起，就一定会培养出一批世界一流的中国经济学家。

从1999年开始，在担任过教育部部长的华中科技大学原校长周济的大力支持、关心、参与和领导下，海外的一些林少宫教授的弟子帮助华中科技大学经济学院开办了一个经济学和数学双学位班，希望这个班的学生们在本科毕业时，达到美国研究生一年级的水平，然后继续攻读研究生，研究生毕业后再鼓励和帮助他们留学深造。早期毕业的这些学生中，已有一些人在国内外著名大学任教，在国际著名期刊上发表文章，在经济学前沿领域做出重要研究成果。2003年，清华大学经济管理学院开创了成规模柔性引进海外高层次经济学人的先河，我与其他27位海外学有所成的华人教授一道受聘于清华大学经济管理学院，给本科生和博士生完整开设一门现代经济学课程。这一举措当时受到了国内经济学界、社会和媒体的广泛关注。

然而，我在国内从事经济学教育的真正归宿是上海财经大学。尽管早期有邹恒甫在武汉大学办国际化的经济、金融学双学位班，林毅夫在北京大学成立中国经济研究中心吸引海外学者回国研究中国问题，以及钱颖一在清华大学采取柔性引进海外特聘教授的举措，但这还不是大规模全职引进海外经济学高层次人才的举动。而我的期待是，将在海外获得博士学位的优质人才大批全职地引进回国，这样的机会很快到来了。从2004年开始，拥有87年悠久历史传承的上海财经大学以经济学院为试点面向全球招聘院长，希望聘请活跃在世界学术舞台上的海外华裔学者来担纲革新重任，他们向我发出邀请。“田老师，我们把你请来，不是希望你早上8点钟上班，下午5点钟下班，这种人我们多得是，我们希望你过来，能帮我们把学科建设做起来，帮我们引进一些人才。”上海财经大学时任校长谈敏教授的一番真诚、语重心长的话，让我深深感动，觉得上海财经大学是一个能做事的地方，我一待就是10多年，直至现在。

真诚待人，对一个行政管理者来讲异常重要，它是一种美德，是一种原则，更是获得追随者的一种能力，可以视为一种情感激励机制。谈校长给我的印象，就是对下属极度信任，真正地做到了“用人不疑，疑人不用”。领导这么信任我，其实就是一种激励机制，对我来说，就是给了我极大的激励。谈校长很少给我具体指示，在我的印象中几乎没有，尽管没有，但无形中给了我极大压力，让我有了一种“士为知己者死”的决心，从而有了一定要全力做好工作的意志力和决心。谈校长的这种真诚待人、对二级学院的院长无为而治、很少下指示的领导风格和艺术，也许会被世人认为这是不管事，但我认为这是一种极大的误解，对我来说，这种极度信任是我工作的最大动力。谈敏校长当家的那些年也是我最投入、工作最辛苦的时期。之所以如此投入到工作中去，就是怕辜负了他的信任。虽然辛苦，但却是我在上海财经大学最愉快的一段时光。

于是，在学校开明领导层的支持下，我于2004年7月12日走马上任经济学院院长。我以《求实创新，打造一流》为题的就职演说，给出了如何打造一流经济学院的愿景目标、战略、方针和六大举措：狠抓学科建设、提升师资水平、引进优秀人才、扩大学术交流、争取各类课题、广拓资金来源。其中师资和教学是教育改革的关键所在，也是我重点关注的领域。不过，许多老师当时是抱着半信半疑的态度，因为当时的上海财经大学在国内没有什么名气，上海财经大学经济学院更是不咋样，即使在本校也只是处于中偏下的地位。而我的想法是，如我向时任财政部常务副部长的楼继伟求助时引用毛泽东的话说："一张白纸好画最新最美的图画。"一个美好愿景能够激发人们发自内心的感召力量，激发强大的凝聚力和向心力，激发个人潜能，激励员工竭尽所能，让周边的人和你一起去完成所勾画的愿望，更好地建立团队稳定性、创造性与战斗力。我也总是给我们全院教师和管理团队打气，描绘学院发展的使命、愿景、目标、战略和方针。

上海财经大学经济学院的使命：致力于经济学知识传承与创新，为中国经济发展和世界文明进步贡献卓越智慧。愿景：成为世界一流经济学科。战略：中国特色、世界一流、国家急需、服务社会。方针：聚一流教师、汇一流学生、设一流课程、育一流人才、做一流研究、臻一流治理、创一流学科、建一流学院。这些使命、愿景、战略和方针对学院的发展起到了至关重要的作用。如今，我们经济学院无论是老师的论文发表数量，还是学生的升学率、就业率，都在国内同学科院系中排名靠前，甚至在国际上都知道SHUFE（上海财经大学的英文缩写）。为什么在当时我有那么大的信心呢？我还记得初到上海财经大学任职，学校旁边一条街道正在改造，当我3个月后再路过这个地方的时候，改造已经竣工，变成了一条休闲美食街。一问是民营企业投资开发的。我不禁感慨民营企业和国内经济社会的发展活力，让经济发展一片欣欣向荣。在中国政治经济文化社会需要与世界接轨和走向世界的过程中，特别是在当前国内杰出人才匮乏的情况下，海外留学人才群体是一个巨大的高层次人才库。

在高等教育引才方面，我一直觉得与其零零碎碎地引进"海归"，让他们迅速被同化、无暇做研究，还不如批量性不断引进新鲜血液，快速形成团队规模，配套以先进的学术机制，给年轻学者充分的舞台和空间。就像建三峡水电站对长江截流一样，一小块一小块石头地扔下去是不可能有效截流的。所以，我走马上任的一个星期内就亲自起草了一份经济学院三年振兴计划，给出了如何求实创新、打造一流的具体规划和建议，其中最重要的一个举措，就是提出一年引进10个、三年引进30个海归博士的人才引进计划，并且专门向时任校长谈敏教授和时任分管人事的校领导要了一个在国际经济学家招聘市场方面的特殊政策：只要学院给助理教授offer，学校就一定要认可。如果按照国内通常规定，在国际人才市场上招人要等到学校人事处和分管校领导批准，是无法在竞争激烈的国际人才市场上招到人才的。就这么一个特殊政策，我们当年就招到10个“海归”，前三年就招到了近30位海外优秀博士加盟上海财经大学经济学院。10多年这样的招聘，动态引进了100多位海外高层次优秀人才，其成效和成绩世界经济学界皆知，推动上海财经大学荣幸入选中组部第三批“海外高层次人才创新创业基地”。我们的国际化和由此所取得的成绩是我们学校让外界真正佩服的一大亮点。所以，一个领导的格局大小、眼光高低、胸怀宽窄及是否有担当、有使命责任感和目标决定了一个单位的事业大小和成功与否，如果没有这些，不可能为单位、为下属分忧解愁，只唯上，不唯实，不唯下。

上海财经大学就这样成为国内高校中最早开始依托美国经济学会年会这一国际公认的经济学家人才招聘渠道，进行大规模、成建制地引进海归优秀人才的大学。发展到目前每年有超过50所国内高校参会招聘，其中很多直接按照我们的招聘程序和做法在做。当然，我们的经济学教育改革不仅仅是引入人才，还需要综合改革治理。为此，我随后向学校提出来一系列全方面综合治理打造世界一流经济学科的改革建议和举措，比如在当时，就给新招到的海归博士每人一间办公室，这样的魄力和举措当时几乎没有一个高校能做到。同时还在国内开先河建立了常任轨（tenure-track）制度。在学院师资方面，采取双轨制方针，老人老办法，新人新办法，积极热心地帮助学院存量师资强化和更新他们的知识结构，同时不断吸收优秀研究人才加盟，调动体制内外诸多利益主体的积极性，盘活存量、打造增量、协调发展。

对本科、硕士及博士课程进行大力度改革，加强数理基础，开设硕博连读项目，给所有的博士生开设《资本论》必修课。为此，开设了经济学、数学双学位项目，一律要求学生在本科学习阶段掌握经济学理论的同时，学习数学分析，打下良好的数理基础，从而降低研究生阶段的学习成本；经济学基础人才培养基地得到了进一步的发展；硕博连读项目有序推进；硕士生“大口径招生，分数知晓后填报志愿，分专业录取”，让各专业真正招到了对本专业感兴趣的学生，提高了经济学院整体生源的质量；博士生招考取消导师报考制，采用专业方向报考制降低了学术腐败的可能性，使得考生能够不受导师指导学生人数的限制，优秀学生被录取的机会大大增加，学生进校后实现导师学生双向选择的竞争上岗制，这样更加促进了师生资源的优化配置。

此外，经济学院还在财政部、教育部以及上海市政府的联合支持下，通过打造一流师资、加强学术研究、进行全方位教学改革、狠抓学风教风、严格教师考核、规范行政管理、建立经济学实验室和数据调研中心等一系列具体项目构筑“经济学创新平台”。这些改革举措能在不到两年的时间于2006年春季就全面实施，归功于谈敏校长和分管人事、教学的校领导排除各种困难和阻碍，对我们经济学院的改革治理和学科建设给予极大支持。领导的品质、品德、品性、品行及精神面貌，共同组成了领导人的品格和综合素质，在很大程度上决定了一个单位的发展前景。一个领导的品德和诚信度是影响下属最重要的因素。因为即使是在极大的压力之下，有品德的领导者也是绝对值得下属信赖的，他能把考虑他人的需要置于个人利益之上。这种信誉或声誉一旦建立，将会形成极强的人格魅力，进而大大减少领导和制度管理的成本。正如美国首任总统乔治·华盛顿所言："品格是领导者的魅力之源。"我很幸运遇到这些具有人格魅力的校领导，特别是谈敏校长。

2005年在海外做金融研究最出色的黄明教授有意到上海财经大学来，我从外地赶回学校向谈校长汇报和推荐，谈校长当时就对我说，对引进黄明教授当金融学院院长，要"不惜一切代价"。随后引进谭国富教授当工商管理学院院长，也是同样的情况，是"志在必得"。所谓"太上有立德，其次有立功，其次有立言"，从古人把"德"放在首位就可以知道它的根本性和重要性。对一个领导者来讲，真诚是一种美德，是一种原则，更是获得追随者的一种能力。可以说，我那时虽然非常劳累，但经济学教育改革的推进和不断取得成效，让我充满活力和激情。由于上海财经大学经济学院在财经类高校中的基础性的特殊地位，经济学院掀起的教学改革带来了巨大的正外部性——全校各个学院都从中受益并迅速活跃起来，而经济学院自身也在改革过程中得到了前所未有的发展。

经济学关涉社会经济治理，事关政策、决策走势，特别是随着中国由大国到强国的转型，无疑对高校经济学研究所能贡献的知识成果的水平和质量提出了更高的要求。我们要做基础性、原创性研究以抢占国际学术话语权，同时还要服务国家发展战略和重大需求。我在上海财经大学经济学院既抓追求世界一流、长远卓越的原创性理论和方法的研究，也非常注重服务国家社会解决现实问题方面的研究，两手抓两手都硬。通过“常任轨”国际期刊目录的导引和六年“非升即走”的长周期、高质量导向考核机制约束，2005年以来上海财经大学经济学院教师已经在这类国际知名经济学期刊发表署名机构论文300多篇。这些原创性研究成果多见于与*Science*，*Nature*齐名的《美国国家科学院学报》（*PNAS*）及*American Economic Review*，*Econometrica*，*Journal of Political Economy*等国际一流经济学期刊。在国内高校中率先在*American Economic Review*等五大国际一流经济学期刊创下论文发表“大满贯”纪录，不仅对经济学做出了原创性贡献，而且有许多也是基于中国经济实践提炼的研究成果，用国际通行语言来讲好中国故事。需要指出的是，许多人忽视基础科学创新，认为没有用，这恰恰是忽视了短期无用知识的长期有用性（the usefulness of useless knowledge），犯了短期功利主义的毛病。其实，庄子早在两千多年前就说过类似的话：“人皆知有用之用，而莫知无用之用也。”当今中国大学的不少管理者并不知道这个基本道理，从研究到教学都太强调短期的有用性和功利性，忽视原创性的基础研究。特别是一些人攻击海归学者在国际期刊上发表的论文“高端”，但没有任何实际价值，这也是急功近利的功利主义作祟。

与此同时，我也注重引导教师发现和解决那些根本性的经济科学问题和制约中国经济社会发展的现实瓶颈问题，以促进其有机融合，从而追求长远卓越。基于此，从整合全校资源的角度，2006年7月我倡导成立了上海财经大学高等研究院（以下简称高等研究院），并兼任院长。作为国际化的中国社会经济问题研究平台，高等研究院主要依托海内外优秀研究团队，理论结合实际，定性与定量分析并举，以项目的形式联合攻关，研究中国改革和发展中出现的长远重大战略性问题和当前难点、热点经济问题。我本人也参与进来，关于宏观经济、人才引进和教育改革等方面的政策研究报告曾多次得到总理办公室、中组部、财政部、教育部、中财办、中国人民银行等中央和部委领导以及上海市委市政府领导的关注、批示或上报。尤其是我们高等研究院于2009年发起成立的“中国宏观经济形势分析与预测”课题组采取了国际前沿、国内较为独特的基于准结构模型的情境分析（alternative scenario analyses）和政策模拟（policy simulations）方法，在对统计数据和经济信息充分收集和进行科学鉴别校正的基础上，对中国宏观经济最新形势进行严谨分析，对未来发展趋势进行客观预测，并提供各种政策情景模拟结果供决策参考。

中国是一个转型加转轨国家，如果盲目照搬西方国家成熟的宏观经济模型会“水土不服”，甚至会带来严重的负面影响。并且，这些模型也在动态调整中，如曾经的FRB/US模型金融板块和国际板块基本上已经被部分国家抛弃了，同时这些国家也正在打造新的劳动力板块。因此，高等研究院“中国宏观经济形势分析与预测”智库项目旨在以一种开放式的科研组织模式，凝聚海内外相关研究力量对中国宏观经济进行长期跟踪研究，构建一个充分考虑中国国情、中国元素、中国特色的，能够准确描述转型过程中相关经济社会变量（包括政府和企业、政府和居民）之间交互作用数量关系的定量分析框架。高等研究院一年四次定期发布中国宏观经济形势分析与预测报告，为政府、企业及社会各界提供有参考价值的经济洞见、政策对策及长期治理建议，推动中国经济的长期稳定增长和可持续发展以及国家治理能力和治理体系的现代化。项目研究报告多次得到中财办、财政部及上海市委市政府等有关部门主要领导的重视和批示。

我们这个项目具有五大特色：①拥有一支阵容强大的高水平研究团队，有近20位毕业于世界一流大学或国内顶尖大学的具有博士学位的专职研究人员，这在国内高校中首屈一指。②分析解决问题三维度（理论逻辑、实践真知、历史视野）相结合，尽量让我们的中国宏观经济分析及预测具有科学性、严谨性、时代性、现实性、前瞻性及思想性。③充分考虑中国国情、中国特色、中国元素的大型准结构宏观模型。内含多个板块，每个板块都是一个结构性模型，每个板块对接时会把其他几个板块的结论嵌入该板块中，即相当于先找到几个不动点（局部均衡），板块对接时会把其他板块的结论嵌入该板块中去，确保其短期政策应对变量和长期治理制度参数在所有板块中具有自洽性和内在一致性，使之从各个板块得到的结论及其政策和改革建议没有冲突和矛盾，而是互补互动、互为促进的，从而达到宏观总体一般均衡和综合治理，也就是从全局综合考虑发展和改革治理的思路。这种前瞻、前沿性的思路也更符合党的十九大提出的要解决不平衡不充分发展问题的需要。④不只是点预测，更多的是情境分析和反事实分析，给出不同情境下的区间估计，如基准、悲观、乐观情境下要达成什么样的经济目标，需要怎么样的货币、财政政策支持力度，同时相关政策的影响效应评估，对不同风险和政府不同增长目标给出应对力度和备选方案，为政府决策提供科学依据。⑤短期风险防控和中长期改革治理相结合的独特研究方式既考虑到短期波动风险、趋势性和周期性因素的交互叠加和相互作用，也关注中长期制度性、结构性改革及其向纵深推进的方式。

在上海财经大学这10多年的二级学院治理过程中，我最有感触的体会就是综合治理的重要性。科学研究基本上都是务虚的，对某个问题或问题的某个方面往往研究得很细、很精，目的就是要弄清其内在逻辑关系，注重的是科学性、严谨性，聚焦的是点或局部，而不是面或全局，具体怎么去用，在什么情况下适用，需要因地、因人、因事、因时而定，具体情况具体分析。在学院综合治理中，要注意四个维度：道、术、势、时。道，要求我们要做正确的事，做应该做的事；术，要求我们在工作中要讲求方式方法，正确地做事；势，要求我们要注意事物发展态势，顺势而为；时，要求我们把握时机，注意工作次序。邓小平的改革之所以取得巨大成功，一个重要原因就在于同时具备了“道、势、术、时”这四个必要条件。在领导综合治理中，要做到：正、活、少。“行得正”表示无论是治理一个国家，治理一个单位，还是在最基本的做人处事方面都要有道，要正，特别是作为领导要身正为范，要有正气、正义、正大光明、正规

（正规的长效机制建设）。“用得活”表示在处理人和事务时，要像用兵一样灵活，因人、因事、因时、因地而异，具体情况具体分析，灵活并用好三个基本制度安排——法规治理、激励机制、社会规范，以形成综合治理。“管得少”是老子无为而治的核心思想，只要建好团队，建好规则，建立长效机制，就应该少管事，充分授权，充分发挥每个人的主观能动作用，这也是老子的“治大国如烹小鲜”的核心思想。同时，在领导综合治理中，要综合运用：理、利、情。最关键的要素是人，创造价值的也是人，要御好人，处好事，做成事，应该根据具体情境和信息对称与否，综合恰当灵活地并用好三个基本的制度安排——法规治理、激励机制和社会规范。卓越领导的三个要诀：晓之以理，导之以利，动之以情。

我们的改革也形成了良好的影响效应、示范效应、凝聚效应和带动效应。例如，继上海财经大学聘我任经济学院院长后聘黄明、谭国富、艾春荣、张欣、牛铭实、王能等海外知名华人学者任其他学院院长，北京大学先后聘张维迎、蔡洪滨任光华管理学院院长，清华大学聘钱颖一任经济管理学院院长，上海交通大学聘周林任安泰经济与管理学院院长，西南财经大学聘甘犁任经济与管理研究院院长，厦门大学聘洪永淼任经济学院院长，一大批海外高层次人才被直接纳入体制内学术建制，发挥了改良体制机制土壤的作用。而上海财经大学“经济学创新平台”作为首创，在国家“优势学科创新平台”项目的学科建设制度创新中也起到了引领作用，后者被写入了《国家中长期教育改革和发展规划纲要

（2010—2020）》。在这一筚路蓝缕的教育改革中，我奉献了自己的激情和汗水，倾注了巨大的心血和精力，有着许多酸甜苦辣，但是无怨无悔。因为有一个信念一直在支撑着我，那就是我所做的一切改革探索都是为了国家发展战略，为了中华民族伟大复兴。

随着上海财经大学经济学教育改革逐步走向成熟和完善，每年都有不少高校来访，要我们介绍改革治理经验，只要是真正愿意尝试经济学教育改革的国内院校，我们经济学院和我本人都会毫无保留地传授我们的经验。受家乡高校湖北经济学院的盛情邀请，以及基于支持国家中部崛起发展战略的考量，我于2018年6月帮助湖北经济学院策划成立了湖北经济学院财经高等研究院和拟成立长江经济带发展战略研究院。自古至今，无论是从稳定政权还是从防范外侵的国家安全来说，中部充分发展和崛起具有无可替代的战略重要地位，古时逐鹿中原的说法及20世纪70年代毛泽东提出的“三线建设”重大战略部署都说明了中部发展的战略重要性。然而，过去40年来，与中央早期对南部珠三角、东部长三角发展的重视，以及随后国家对振兴东北老工业基地、西部大开发到近些年对京津冀都市圈建设的支持和政策倾斜形成鲜明对比的是，中部的发展和崛起一直未能引起充分重视和政策倾斜。

湖北的地理优势犹如芝加哥之于美国，在长江经济带沿江覆盖连接的11个省市中扼南北之枢纽，居东西之要津，是中国的腰部，处于中心部位。只有腰部坚挺了，其他部位才能很好地持续坚挺。改革开放前，湖北的经济发展在全国处于前列，无论是自然资源、重工业、轻工业、教育资源等都有得天独厚的基础。改革开放以来，尽管近些年追赶得很快，但与东部沿海省份比，湖北的经济发展却不尽如人意，不平衡不充分的问题依然突出，且高层次经济学方面的拔尖学术性人才匮乏。中部地区发展相对滞后的原因之一，是中部重大战略地位未得到充分重视。

那么，如何破解湖北发展的难题，建立世界知名、中国一流的研究院和学术平台？湖北应抓住长江经济带建设这一国家发展战略的契机，找回“惟楚有材，于斯为盛”的天下英才为我所用的人才集聚势头。为此，湖北经济学院成立长江经济带发展战略研究院暨财经高等研究院，宗旨就在于最大限度地集聚海内外优势研究力量，对湖北在长江经济带中面临的新形势、新要求和新任务等，从多层次和综合改革治理开展前瞻性研究，努力实现地方大学和区域发展、国家战略的互动，努力做好服务湖北和长江经济带发展的这篇大文章。长江经济带发展战略研究院将具有两大特色：①高层次，以项目为导向凝聚海内外著名学者，发挥群体作战的规模优势；②联合国内众多高校或研究院，形成协同创新。做事情都应有远大战略眼光和前瞻性。作为一个新生研究机构，长江经济带发展战略研究院将以项目和任务为牵引，以湖北经济学院财经高等研究院的学术学科、学术力量为支撑，以公共政策和战略规划咨政为主要任务，广泛凝聚海内外的研究力量，对长江经济带发展开展全方位、宽领域、跨学科的协同研究。

尽管这10多年来我在国内大学一线基层搞教育改革，但我感觉在思想解放方面，教育部门相对而言最为保守，中国的教育改革尽管起步最早，却是众多部门中改革较为滞后的，教育理念和改革在最近20多年来进步不大。尽管与改革之前比，取得了不少成绩和进步，但与邓小平提出的“三个面向”（教育要面向现代化、面向世界、面向未来）要求相比，还有很大的差距。问题的关键是中国的教育整体还是一个大一统、行政化、功利性的运行体系，不是按教育教学规律、知识创造规律在办。政府干预过多，学校的办学自主权极其有限，这就导致千校一面、高度同质，教育的丰富性、多样性丧失，行政化、官本位的色彩却越来越浓。并且，政府从资金投入、课程设置、学科评估、管理等各方面基本上都是大包大揽，学校的自主权很小，社会力量也难以有效参与，这都是引起高质量教育资源高度不均衡的原因。

改革的方向是通过转变政府职能，遵循办学规律，简政放权，培育社会参与力量，提高公共教育服务水平，尤其是要提升义务教育的覆盖率和高等教育的质量，扭转政府在教育领域角色的缺位和越位现象。特别是在高等教育领域要坚持和扩大开放式办学，要遵循国际上办世界一流大学的基本规律来打造中国品牌的世界一流大学。我们必须充分认识到，教育在国家的命运和民族的未来中具有全局性、战略性、基础性的重要作用。一部世界大国兴衰史，就是各国人力资本强弱变迁的历史。从某种意义上讲，义务教育是国家对人力资本的投资，高等教育是个人对人力资本的投资。中国要着眼于赶超发达国家的教育水平，必须在义务教育年限延长和高等教育质量提升上下功夫，而这不仅仅是依靠加大投入就能解决的，还需要体制机制改革的保障。同时，中国要积极参与国际人才市场竞争，不拘一格，广纳贤才，形成引得进、留得住、用得好、流得动的人才开发和管理体制机制。

七　聚焦中国改革著书立说，获孙冶方经济科学奖殊荣

前面也提到，我一直关注中国经济改革及其制度平稳转型问题。2010年，当时我在长江商学院给EMBA（高级管理人员工商管理硕士）上中国经济改革发展与创新的课程，发现国内可用的好的教材很少，于是我就和研究助手陈旭东博士一道将我自己包括跟合作者从20世纪90年代初以来对中国经济问题所做的研究和思考，进行了梳理，形成了100多页的讲义稿。当时比较受学员们欢迎，他们认为这对他们很有帮助。但是，在随后的教学和研究中，我们发现仅仅就经济改革而谈经济改革，太过局限，并且经济改革的单兵突进和其他方面改革的滞后已经造成了很大的问题。一方面，由于短板效应，经济改革本身遇到了诸多难以突破的瓶颈；另一方面，不均衡、不充分的改革和发展路径，也使得中国面临成就巨大但问题也突出的“两头冒尖”现象。这使得我们认识到，中国必须走全方位联动改革之路才行。为此，我们对书稿的整体定位做了扩展，其间反复修改了几十遍。

由于忙于其他一些事情，书稿迟迟未能付梓出版。在

2013年书稿行将定稿出版时，党的十八届三中全会召开了，全会通过的《中共中央关于全面深化改革若干重大问题的决定》中提出的许多改革决策和措施，与书中很多提法、建议和呼吁接近，甚至相同。因此我们又对书稿进行了修改和修正，其中也包括为许多改革政策和措施提供理论支撑和实践印证。书名之所以确定为《中国改革：历史、逻辑和未来》，有这几点考量：一是书的结构篇章安排使然，除了总论之外，我们是从第一部分5个章节的历史回溯出发，到第二部分12个章节的内在逻辑分析，再到第三部分14个章节的未来改革展望。整个论述的目的就是探讨如何成功变革，以此振兴中华，实现中华民族的伟大复兴梦，让中国能长治久安。二是分析手段的选取。一个经济“科学”家与一般的经济学家的差别在于做经济分析时是否采用了三要素：理论，要有内在逻辑的理论分析；历史，要有大视野的历史比较分析；统计，要有数据，有实证的量化统计分析。三者缺一不可。因此，我们这本书力求实现这三者的平衡。

最终该书于2014年7月出版，并被推荐参评当年的孙冶方经济科学奖著作奖，非常有幸得到了张卓元、吴敬琏等先生的充分肯定和支持而获得殊荣。我们这本书以探明中国改革的路线和战略为主题，通过历史大视角（特别是过去170多年的四次大变革）和国际宽视野的纵深横阔考察，国内外经济社会实践的纵横向比较，运用现代经济学尤其是关于激励和信息的机制设计理论的基本原理和分析手段，来回顾改革、理解改革、求解改革及深化改革，把对改革问题的探讨建立在注重理论内在逻辑、历史经纬爬梳和数据统计分析有机结合的坚实基础之上，主要对如下12个最基本的理论和现实问题，做出符合内在逻辑的具体解答：

（1）道格拉斯·诺斯之问：怎样才能从不利于经济发展的传统制度过渡到有利于经济发展的好制度？在什么条件下，才能从非理想状态向理想状态过渡？制度改革与经济发展如何互动？谁应该先开始？如何看待渐进式改革和激进式改革的异同？

（2）计划与市场的本质差别：计划经济与市场经济的本质差别在哪里？一个国家如何从高度集中的计划经济转变为竞争性的市场经济？为什么说现代市场体系建设与民主法治、公平正义、诚信友爱、安定有序、充满活力及人与自然的核心为基本特征的和谐社会构建是完全一致，激励相容的？

（3）中国改革之谜：为什么在缺乏现代经济学公认的可促进经济发展的制度环境的情况下，中国经济能取得持续30多年的快速发展？继而，为什么历史上一些大的变革，如商鞅、王安石和清末维新派变法无不以失败告终，而只有邓小平的改革开放取得了成功？中国改革贡献了哪些经验？

（4）中国模式与中国路径：改革成就巨大是否意味着中国已找到一个与现代发达社会截然不同的现代化终极发展模式？政府对社会经济高度介入和干预、国有企业占主导地位的“中国模式”能让中国实现富民强国、长治久安吗？初始条件和改革路径的差异，是否意味着一国实现富民强国和现代化的终极发展模式也不同？

（5）富民强国的内在逻辑：富民与强国，谁先谁后？

富民强国的经济学内在逻辑是什么？为什么是非国有经济，特别是民营经济而不是国有经济促成了中国经济的大发展？

（6）顶层设计与基层探索：为什么顶层设计与基层探索同等重要？如何促进顶层设计与基层探索（“摸着石头过河”），形成上下一致的改革共识和激励兼容？

（7）深层次问题及其对策：中国未来发展面临哪些深层次矛盾和问题？如何应对？

（8）政策调控与制度治理之争：指导和解决当前经济发展及所面临的贪腐问题主要是靠制度建设，还是靠大事干预经济活动，频繁地使用凯恩斯主义的政府宏观调控措施和行政、党纪手段或国家机器？如何看待经济理论中关于“看得见的手”和“看不见的手”的争论？

（9）联动改革的必要性：为什么要进行系统的经济、政治、社会、文化、生态文明全方位的联动改革？

（10）政府、市场与社会：为什么下一步改革的关键在于合理界定政府与市场、政府与社会的治理边界，而不只是政府与市场的治理边界？如何定位社会自我治理和文化伦理在国家公共治理中的定位和作用？

（11）政府职能转变：为什么政府职能的转变是界定政府与市场、政府与社会，全面深化改革及实现国家治理现代化的关键？改革的突破口是什么？为什么好的治理三要素是法治、执行力、民主监督？

（12）效率、公平、改革、发展、稳定、创新：为什么要在效率公平的前提下对改革、发展与稳定的关系中加入创新的维度？如何实现从要素驱动向效率驱动乃至创新驱动，从国际体系追随者向未来世界领导者的转型?

该书的核心结论有三：①经济社会持续发展、长治久安，必须注重两个逻辑——发展的逻辑和治理的逻辑，否则会造成各种问题和危机，其关键是政府的定位必须恰当。②基础性元制度才是最为关键、根本的，现代市场体系不可替代。如果没有真正意义上的更大力度的改革、更大力度的开放，问题将会越来越严重。只有合理界定政府与市场、政府与社会间的治理边界，通过三者各归其位又互动互补的综合治理，才能真正实现经济社会的良性发展及国家治理体系和治理能力的现代化。③改革的前提是思想解放，只有顺应全面深化改革的历史大势，才能把握中国崛起的命运。我们需要以更大的决心、更大的智慧、更大的定力进行更深层次的改革开放；我们必须求真务实、埋头苦干，经济问题不能过度意识形态化；要正视改革的艰巨性和复杂性，用好成功改革的方法论，要让改革成功，必须灵活运用“明道、树势、优术、抓时”四位一体的改革方法论来进行系统的全方位联动改革。

中国经济改革之所以取得巨大成就，是因为满足了一个经济机制良好运行的四个先决条件，即：承认个人利益，允许老百姓发家致富；给予人们更多的经济自由；实行分散化决策；引入激励机制。这些体现了经济学的内在逻辑，是在东亚乃至西方一些国家已经被一再验证的共同经验。当然，中国有自己独特的文化和历史特征，但这种独特性并不表示终极目标没有共同之处。从转轨和发展路径上讲，由于初始条件、内生状况、外部约束不同，后发国家不可能重复先发国家走过的老路，因而既需要也只能另辟蹊径。但这并不意味着这条道路的指向与现代化社会的终极目标偏离或背离，中国的最终目标仍应是构建起以市场经济、民主政治、法治社会为基本特征的现代化国家。当下中国正在推进的以实现国家治理体系和治理能力现代化为目标的全面深化改革，从某种意义上讲这是一场非常深刻的制度变革，因而会涉及一连串的各式各样机制的设计，包括中央顶层机制设计和各个层面的合约设计。从而，由计划经济失败和一些情形下市场失灵所激发形成的机制设计理论，在未来改革中可以发挥巨大作用（包括宪法和法规制度的设计）。

2016年，我们又根据最新的情况对该书做了修订，出版了第二版。在这个过程中，我也愈发认识到，许多中国经济问题研究之所以存在这样或那样的误区，其根源在于经济理论功底的欠缺，在于经济学教学方面的脱节。国内高级微观经济学课程的教学大多是采用英文原版教材或中译本，好处是与国际接轨，及时解决国内高质量经济学教材匮乏的问题，但不足之处也很明显，就是缺乏中国元素，在现代经济理论与中国经济现实之间缺乏直接联系。为此，2016年10月我在中国人民大学出版社出版了《高级微观经济学》。此教材取材于我在得克萨斯A&M大学经济系20多年讲授高级微观经济学的英文讲义，花费近10年时间反复修改，增加了近一倍内容（上、下册有近1200页），涵盖了现代微观经济理论中最基本直至最前沿的几乎所有典型主题，特别是对机制设计理论及其拓展（如拍卖理论和匹配理论）有详细介绍。曾用于国内外众多高校的高级微观经济学课程讲授，受到师生的广泛欢迎，一些世界一流大学经济系同行和博士生也将此教材作为教学、研究和学习的参考资料。

这本教材的最大特色，就是它既严谨系统地介绍了现代经济学的许多基准理论和最前沿的微观理论，只要有可能，都给出了准确的定义和严格的证明，同时又结合中国国情和市场化改革及国家治理，通俗易懂地介绍了各种经济理论的内涵和思想，力争做到有思想的学术和有学术的思想有机结合。为什么不能做到有学术的思想和有思想的学术的辩证统一呢？中国思想界和学术界对如何看待经济学教育和研究的很多争论，其根源就在此。其实，即使对严谨的原创性研究也完全可以做到有学术的思想和有思想的学术有机结合，很多技术性很强的理论也包含很多深邃的经济思想，模型背后体现的是深刻的经济学思想和极强的洞察力（如一般均衡理论、机制设计理论等）。在成熟的现代市场制度下，这些思想也许不是那么重要，再加上现实制度环境较为接近模型假设，即使直接套用也不会造成大的问题，但在中国经济社会如何转型的方向性问题都没明了的中国情境下，了解这些思想和洞察力就显得异常重要。一方面为如何转型指明了方向，另一方面也可避免由于理论模型假设与现实相差太远而直接套用造成的严重问题。

无论是做原创性研究，还是做中国经济问题研究，都需要学好现代经济学，掌握其基本分析框架和研究方法，打好理论和方法论基础。一般而言，经济学研究与创新大致可分为两类：第一类是基础性的、原创性的、具有共性的理论和工具方法的研究和创新。这些研究和创新没有国界，具有一般性，大多数微观经济学教科书所讨论的理论基本都属于此类。在这方面，中国的研究水平和国际相比差距很大，这些差距体现在论文原创性和发表数量的差别、研究方法以及文章中体现的经济思想的差距，因此急需迎头赶上，需要有一批人瞄准国际前沿，做纯理论和量化方法的研究，而不单单是做中国经济问题研究。中国要成为强国，各方面都必须崛起，包括拥有国际学术话语权。第二类是现实问题的研究，是指运用现代经济学的基本原理、分析框架、研究方法和分析工具来研究某个国家或地区的现实问题，特别是中国经济问题的研究。此二者是辩证统一的，不要以前者否定后者，或以后者否定前者，两者应是并行、并重的。就如同自然科学中的基础研究创新和企业界的技术创新研究一样，是相辅相成的，都非常重要，缺一不可。

此外，需要指出的是，现代经济学特别是微观经济理论研究主要提供两类理论，都具有严格的先决条件：一类是提供基准点或参照系的经济理论，《高级微观经济学》教材上册所介绍的大多数理论属于第一类理论；而另外一类则更为接近现实，主要是解决具体和相对现实问题的理论，《高级微观经济学》教材下册所介绍的大多数理论属于第二类理论。第一类理论主要是以成熟市场经济国家的经济环境为理论前提的，提供的是在理想状态下的基础理论，尽管有指引改进或改革取向的作用，异常重要，但偏离现实，不一定完全适用尚处于转型加转轨过程的中国实际情境和经济环境，不能直接套用，从而不能照搬用来指导当前具体政策的制定。因此，需要对基准理论进行修正，考虑有摩擦、更为接近现实的情形，以此发展出解决具体现实问题的第二类经济理论，并进而得出具有内在逻辑的结论和进行预测，因而这两类理论是一种学科发展的相辅相成递进关系，第二类理论就是通过不断纳入对第一类理论远离现实的批评而发展出来的，从而使得现代经济理论体系更加完善和贴近现实。这本教材所介绍的现代经济学的基本分析框架、思想和研究方法不仅对研究这两类理论是共通的，而且可以为更好地运用经济理论研究中国经济问题，进而为发展适应研究中国经济问题的经济理论打下坚实的理论和方法论基础。

八 参与经济学术思想论争，激浊扬清反对极端化思潮

尽管中国改革比较成功，但不是一帆风顺的。在改革的过程中产生了许多问题，保守思想和极端思潮从“左”“右”两个方面来影响改革的顺利进行。然而，幸运的是，这几次交锋都有利于中国改革进程的推进及其方向的确定，最后起到了巨大的推动作用。有时候，宏观的大方向一把握住，微观上往往就事半功倍，否则的话就是事倍功半。在理论上总共有四次大的思想交锋，都是由于经济发展遇到了很大的问题而发生的。前三次思想交锋分别是：开始于1978年关于真理标准问题的大讨论；发生在1989—1992年间关于市场经济的大讨论；开始于2004年郎咸平的讲演引起的改革方向问题的大讨论。尤其是第三次交锋，这时改革遇到了许多深层次

的问题。于是，一些人以国有资产的流失、某些大公司里的资产转移为由而将批评面扩大，扩大到否定整个中国30年改革开放的道路，认为中国大的改革方向错了，应该是搞中央集权，应该重新开始改革。这次交锋最后以2006年“两会”期间胡锦涛总书记在参加上海代表团审议时强调要毫不动摇地坚持改革方向，不断完善社会主义市场经济体制，充分发挥市场在资源配置中的基础性作用而告终。

10多年之后的2016年，学术界再次出现一次大的思想交锋，主要是由林毅夫和张维迎引起的关于产业政策的争论，这场争论让越来越多的经济学家以及政府决策和管理领域的学者卷入其中，形成了一次学术大讨论，直至当年11月9日张维迎、林毅夫两位教授关于产业政策公开辩论而达到高潮，但争论仍然没有平息的迹象。我看到两位教授围绕产业政策发表观点后的第一感觉是，双方讲的都有不少合理的部分，但论断都有些偏颇。结果，我早先发表的一篇评论，加上我在《财经研究》所发表的一篇文章中对新结构经济学提倡的有为政府的批评看法，引起了林毅夫教授的反对，我因此也卷入了这次辩论中。那么，到底应该怎么客观看待政府产业政策及是否应该提倡有为政府？他们二人具体对和错在什么地方？为什么会有这么多人参与到这场争论中？

这次关于产业政策理论与实践问题及有为政府的大辩论，引起了学术界的广泛关注。尽管各自有不同看法，但有一点是一致的，那就是这场辩论在很大程度上切中了当下中国经济及其深化改革的核心问题：如何才能处理好改革与发展的辩证互动关系，从而处理好政府与市场、政府与社会的关系，使市场在资源配置中起决定性作用，更好而不是更多地发挥政府作用，即改革何去何从。这次争论的焦点问题，在我看来有三：一是市场化改革方向是否坚持；二是政府在经济发展和深化改革中的作用边界到底在哪里；三是产业政策理论对经济发展能否起到关键性作用。这三个问题又都涉及一个更为本质的问题，那就是：要同时处理好发展的逻辑和改革（从而治理）的逻辑，政府职能的基准定位到底应该是有边界的有限政府，还是无边界的有为政府？这个问题涉及中国经济能否长远发展、改革何去何从及如何深化改革，才能让改革成功和经济持续发展，实现国家长治久安和治理体系、治理能力的现代化。

按照中国国学智慧给我们的启迪，要将一件事情做成，特别是在国家层面上将改革这样决定国势、格局的大事做成，要看行事的方式方法是否符合“明道”“树势”“优术”及“择时”这综合治理的四要素。因此，我们在研判中国改革与发展，让改革或政策或某个制度安排具有可行性、可操作性的同时避免大的风险。作为学者在给出政策建议时，需要从道、势、术、时这四个维度进行考察、检验和研判，因此我们必须做到有思想的学术和有学术的思想的有机结合。纵观林毅夫、张维迎两位教授关于产业政策的一系列辩论和他们以往的许多文章和讲话，尽管他们都有许多合理的、有新意的观点和论断，但也存在两大问题：一是讨论、辩论问题的方式有问题，导致各说各话，使得对话少有交集、无法聚焦，更无法达成共识从而深入下去。二是他们的观点失之偏颇、容易走极端，似乎不知道任何一个理论或论断都是有局限性的，不可能适应所有情况、解决所有问题，所以论断往往存在扩大化和夸大的问题，显得特别不严谨，而严谨性是严肃学术讨论的必要前提。比如，在这次争论中，一个过度夸大了政府及其产业政策的作用，认为要建立有为政府而不是有限政府；另一个过度夸大了市场的作用和完全否定产业政策，认为市场不会失灵。这样的讨论方式在学术性及其思想性方面都存在很大问题。

我在此之前和林毅夫教授围绕其新结构经济学中的有为政府概念进行了几个回合商榷的时候，对他的一个最大批评就是他的理论及其结论缺乏严谨性，是基于一些至今都没有严格定义的概念（如“有为政府”这个概念），这样必然引起许多不必要的争论。林毅夫教授采用的概念定义不清晰，边界游移不定，不同的场合给出不同的定义，让我感到很意外。

关于改革的成功经验和未来方向，张维迎教授的方向感是很明确的，就是发挥经济自由化、市场化、民营化过程中的企业家作用，当然他以奥地利学派的观点将企业家的作用绝对化也值得商榷。然而，讨论政策问题不仅要明道、有思想性，也要有优术，要有学术性，否则一样会导致许多问题，因此不能一味崇尚思想性而否定学术性。在我看来，一味否定学术性的人，大多不会有很深刻的思想性。如果你读那些开创严谨经济理论者的原著或原文，这些人往往有非常深邃的思想性（没有深邃的思想性，是不会开创出来源于现实的那些抽象严谨理论的）。我在这里主要讨论的是张维迎教授对现代经济学的一些误解，如不指出则其对经济学教育的负面作用不小，非常不利于学生学好现代经济学，会造成学生不注重学术的恶果。

自亚当·斯密以来，现代经济学的发展从来就是在争论中不断取得进步的，而中国的改革开放进程中，也伴随着多次思想交锋和理论争鸣，这对促进经济学术发展和思想启蒙都是好事。此次由张维迎、林毅夫而引起的辩论也是如此。它涉及中国未来政府职能定位的走向和经济能否长久发展，甚至能否融入国际社会。的确如此，由于政府过度干预经济，垄断要素市场，已经让国际社会对中国是市场经济国家产生了疑问，导致了当前中美经贸摩擦，美国不承认中国市场经济地位，已经造成严重后果。其实，对产业政策的辩论并不是要不要产业政策之争，而是政府职能的改革是否要从全能型的发展型有为政府转向维护服务型有限政府这一重大问题的争锋。与张维迎相比，林毅夫的问题更是方向性的。其实，林毅夫在一些学术文章中也不是一元论，而是比较重视市场的作用，但是为什么会出现他在辩论的开头就提出的大众传播对他卡通化、刻板化的现象呢？恐怕与他不太注重和强调改革的大方向、不太谈改革有关，再加上学术方面的不严谨，且辩论的方式有问题（往往根据辩论对象不同、场景不同而随意改变定义）。定义是讨论问题的起点，最忌讳有模糊或不准确的地方。

林毅夫埋怨，新结构经济学理论在媒体报道中遭到了扭曲，其实这跟他学说的不成熟有很大关系。如果从“道、势、术、时”来看，问题就很明显。首先，没有明道，中国经济可持续长期发展和长治久安的国家治理的改革要首先明确强调。可是如前所述，他基本不太谈。其次，势的方面，产业政策若做对了，是可以树势的。我们不是一味地反对产业政策，特别在中国从要素驱动到效率驱动乃至创新驱动转型方面，对已经在其他许多国家被证明有成效的产业政策，政府需要去做，但问题是不能过度，不能认为任何产业政策都是有为的。这样做，弄得不好不仅没有树势，反而是去势。再次，术的方面，不要错误地以为只要有作用就是好的术，还要看是最佳或次佳结果，也就是必须要优术。最后，当然是如何对待时机的问题。中国正处在深化改革、问题和成就两头冒尖的关键时刻，改革的空间越来越小，因此我们要抓紧时间进行改革。

时隔一年的2017年12月19日，在北京大学新结构经济学研究院冬令营研讨会上，我跟林毅夫又就本轮经济增速下降是外部冲击导致还是内因导致做了一个辩论。黄晓东、朱晓东、褚浩全、王能、袁志刚、伍晓鹰、许宪春、鞠建东、卢锋、黄益平等十余名海内外著名专家学者也围绕“2010年以来中国经济增长减速成因、国内改革方向”等问题进行了深入讨论。当然，我和林毅夫在一些观点方面也有共同点，如我们都认为中国的潜在增长率，没有下滑到现在的（2017年）6%多，他的不少分析我也同意，包括城市化，等等。但主要的不同点是这轮下滑的原因，我跟他的观点不一样。

为什么说我跟林毅夫的观点不一样？我也同意从2011年以来中国的经济增长速度下滑。此前30年的经济增长是以近10%的平均速度增长，然后就是一路下滑，破10%、破9%、破8%、破7%，累计下滑了3个百分点以上。也就是说，由

2010年的10.4%下降到2016年的6.7%。即使已降到6.7%，我认为还是有继续下滑的风险，上海财经大学中国宏观经济预测模型的分析也是如此。这么长时间的持续下滑（至7%以下），是改革开放以来从来没有过的，我认为很不正常。当然，我们不能一味地追求经济增长速度，还要弄清经济下滑的原因是什么，毕竟经济发展是解决社会主要矛盾的一个最重要的手段，我们要弄清这次下滑的成因是什么，才能对症下药。虽然我和林毅夫用的关于经济增长的图表差不多，但得出的结论是不一样的。中国经济增长减速的成因到底是制度性，也就是改革的滞后性，还是外部性或周期性？当然，无论成因是哪种，都需要短期政策的应对，因为我们需要社会的稳定、经济的稳定，做一件事情首先要考虑风险，但中长期的治理也是必要的。

对经济下滑原因有许多解读，有些学者认为是短期的原因，是周期性、外部性、产业因素，从而建议通过短期的财政政策、货币政策，以及选择性的硬性产业政策来应对。这也是过去一两年，我跟林毅夫的主要争论点，包括有为政府、产业政策的问题。同时，也有不少人认为这是长期的原因，是新常态，是潜在增长率放缓造成的，从而认为既不需要短期应对，也不需要制度性改革。在这点上，我跟林毅夫的看法是相同的，即认为潜在增长率没有放缓，至少没有大幅度的放缓，没有3个多百分点这么一个大幅度的放缓。当然根据边际收益递减规律，中国经济的增长速度我认为没有像林毅夫估计得这么乐观。20年很不好说，5～8年我觉得7.5%～8%的增长都是有可能的。当然，20年也是有可能的，在中国由于政府动员能力异常强大，任何单一目标都可能达到，不说8%，10%也能做到。但问题是，高度粗放、一味靠投资来拉动的经济增长是不是最优的？会不会带来更大的风险？

中国经济增长在短短几年内就下滑了3个多百分点，即使边际收益递减规律发生作用，也没有如此快。我认为根本的原因有两个：一个是转型驱动的滞后，任何一个经济体，从发展中的经济到发达的经济，必须经过三个阶段，即要素驱动、效率驱动，最后到创新驱动；另一个就是现代经济体系的滞后。我认为，这些才是导致中国经济增长率低于潜在增长率的关键根源。

面对这一轮全球金融危机，各国经济都受到整体外部经济环境的影响，经历了减速的过程，但许多国家早已进入回升或波动上升接近平衡增长轨道，只有中国经济增速持续下滑。自2011年以来，前七大经济体，其中包括发展中国家（我觉得有可比性的是中国和印度），其他的是发达国家，这些年经济下滑，除了中国，其他国家都或多或少恢复了，只有中国一路下滑，破7%了。这时候如果还有人说是外部性的因素，那为什么其他国家都在恢复，中国还会下滑呢？当然，林毅夫说了一个原因，就是外部的经济已经下滑了，对中国造成了一种压力。那我要问，在2008年金融危机之前不少时段不是也有压力吗？为什么没有近几年这么大幅下滑呢？我觉得这个说法不成立。因为其他几大经济体都基本恢复增长到正常的轨道，特别是美国经济的复苏几乎达到近20年最好水平，如2018年第二季度的经济增长率达到4.1%。发达国家过去150年来，平均每年的人均收入增长是2%，即使加上0.5%左右的人口平均增长率，其经济增长率至多也就是2.5%。在这之前，中国的经济增长为什么是10%，而这次破7%，甚至到7%以下了？所以说，我认为外部性的因素有，周期性的因素也有，但不是主要原因。我想，这就是我跟林毅夫之间在看症状、找病因方面的重要差别之一。我觉得周期性也不像是主要因素。看周期性因素不能太短，我们应该看中国改革开放40年，这个就比较清楚了。中国这一轮经济增长减速是改革开放以来最长时段的下滑，自2007年以来已有10年，与其他主要经济体相比也是不多见的，其他都基本接近平衡增长点。

中国的经济不管是周期还是波动的，这次持续增速下滑超过10年，低探到7%以下，是改革开放以来前所未有的。当然，在之前比如说1989年以后，还有一些低于6%，甚至更低，但是一两年就恢复了。比如说，邓小平的南方谈话以后，很快深化改革就恢复了。但中国现在没有，而其他经济体基本上恢复到平衡增长轨道上，那么我们有周期性的原因吗？当然周期也分长周期、中周期、短周期。我们知道长周期靠制度完善。如果制度环境相对完善的话，中国经济完全可以做得更好。其他经济体基本上都恢复到接近平衡增长轨道，而只有中国在继续下滑。10年之久周期还没有形成？这是周期原因吗？其他国家已经好转了很多，中国经济是个开放体，受它影响，为什么没有好转？所以，外部性和周期性因素都不是主要的因素。

具体到中国经济增速下滑的成因，我跟林毅夫的判断也有差别。我认为既有经济的问题，更有改革滞后的问题，而林毅夫则认为主要不是改革滞后的问题。他的理由是，当前经济制度环境跟20世纪八九十年代那些体制机制性的扭曲来比，应该是越来越少的，而不是越来越多的，从而认为将经济下滑归结为改革滞后和制度性障碍说不过去。似乎很有道理，其实是混淆了总量（total）和边际（marginal）的差异。这很容易解释，那就是，市场化导向的松绑放权所导致的改革开放红利或改革红利的边际收益在早中期巨大，导致了高速增长。尽管总的经济制度环境没有恶化，甚至有所改进，但如果不全面深化改革，改革红利的边际收益就会大幅度下降，越来越接近制度性障碍约束的边界，使其约束越来越收紧，从而无法提高经济效率和勃发潜在生产率或全要素生产率，导致经济持续下滑。

其实我早在《中国经济新阶段的发展驱动转型与制度治理建设》（发表于《中共中央党校学报》，2015年）一文中指出，经济持续过快下滑归因于五重原因的叠加：要素边际收益递减，要素驱动红利导致增长中枢下移；政府主导动力枯竭，公共服务功能欠缺，内生增长匮乏；国有企业产能过剩，挤压民营经济，经济活力下降；政府自身的目标管理缺失，不作为和慢作为现象严重；对“新常态”的理解出现偏差。即使是在当前，五重原因依然存在，中国经济发展中的制度性问题还没有从根源上解决，社会矛盾也有所增加，导致发展不平衡、不充分，中国实体经济发展面临很大困境。上述这些原因可进一步归纳为三个结构性失衡：经济结构失衡（需求、产业、市场结构、虚实经济失衡，转型驱动发展滞后）、体制结构失衡（重政府轻市场、重国富轻民富、重发展轻服务，发展逻辑错位）、治理结构失衡（贫富差距过大，改革共识减弱，治理简单粗暴，社会矛盾增加，生态环境恶化，中央决议、决策和地方/部门执行落差大，治理逻辑失灵）。

这三个结构性失衡导致了改革开放40年来成就巨大和问题也特别多的“两头冒尖”，使经济社会的发展不平衡不充分，全要素/潜在生产率也无法得到提升。面对经济增长的制度性障碍，短期的财政、货币政策刺激及选择性的硬性产业政策不是完全无效和不需要，但作用有限，刺激政策治标不治本。以上问题如不能得到解决，误区得不到纠正，那么中国的经济只能一如既往地随着政策松紧而上下波动，造成过去几十年反复看到的现象：一放就乱、一乱就收、一收就死的反复循环。根本的出路在于推动效率变革、动力变革，提高全要素生产率，建立现代经济体系。细节决定成败，改革方式也极端重要，需要以改革、发展、稳定、创新和治理五位一体的综合改革方式进行治理，既要有短中期应对的政策及过渡性制度安排，也要有长期治理的深化改革，最终建立有能、有为、有效、有爱的有限政府，让政府在维护和服务方面更好发挥作用。在政策制定方面，要充分考虑其前瞻性和协调性，少走不必要的弯路。只有这样才能从根本上解决问题，推动中国经济实现高质量发展和国家治理现代化。所以，深化改革的关键任务是提供制度基础的改革。

整体而言，我认为这些理论上的争论是有益的，但理论探索一定离不开一个开明、宽松的舆论氛围和社会环境。理论探索无禁区，思想解放要先行，其重要性至少有二：一是对已确立的改革方向和路径进行理论分析和论证，促进上下改革共识的凝聚和改革方案的执行；二是理论探索必须超前，对现有改革的不足之处进行理论剖析，通过内在逻辑的推演指明下一步改革的方向和可能的结果。为此，在理论探讨和学术交流的过程中，一定要避免采取贴标签、戴帽子、抓辫子的意识形态化做法，动辄上升到政治高度会让很多人不敢说话、不愿说话。例如，将经济自由化、市场化和民营化的改革与华盛顿共识、新自由主义、休克疗法等同起来的做法。上纲上线是大家都害怕的事情，如果动不动就贴上一个政治标签，谁还敢或还能发表自己的学术观点和改革建议？一旦用一种贴政治标签的意识形态化做法将其否定，很可能会招致颠覆性的错误。政府应该鼓励百家争鸣、百花齐放，允许学术自由探讨，关键是要科学严谨，言之有据，这才会减少犯错风险，弥补漏洞，对完善改革措施大有帮助。

这样的做法同样也被我运用到上海财经大学经济学院的学科建设和科研建设中。学术研究中最强调的就是自由之思想、独立之精神，百家争鸣、百花齐放，学科的发展不能由于我这个院长的专业知识不同而有所差异。我作为院长，要给每一个学科发展的空间，并且为了发展这个学科，必须大力支持甚至给予政策倾斜。所以尽管我是学西方经济学、现代经济的，但是我们学院政治经济学、经济史学、经济思想史等学科都发展起来了。2010年我们在全国各大院校都没有政治经济学系的时候就成立了政治经济学系，并且我们是双系主任制，一个国内系主任，一个海外联席系主任。此外，我们还成立了经济学系、经济史学系和数量经济系。前面也曾提到，我觉得一个科学的经济学家应该满足三要素，既要注重内在逻辑的理论训练，也要注重有大视野的历史比较分析及数据统计的实证量化分析方面的训练，三者缺一不可。

九 研析良性发展制度逻辑，坚定中国改革开放大方向

我一直认为，研究中国改革要有前瞻性，这种前瞻性需要理论逻辑、历史视野和量化分析有机结合。早在2007年《和谐社会构建与现代市场体系完善》和2008年《改革开放30年回顾：从拨乱反正、市场经济到和谐社会构建》两篇文章中，我就论及，要让经济社会得到良性发展，仅谈政府与市场的边界及其关系远远不够，还要谈政府与社会的边界及其关系。对于中国下一步的经济社会发展，党的十九大提出了要推动经济质量变革、效率变革、动力变革和形成有效的社会治理、良好的社会秩序的目标要求，这需要我们深刻认识背后的实现动力机制。为此，在改革开放40周年之际，我撰写了一篇文章《改革开放40年再思考：平衡充分良性发展的制度逻辑》。这篇文章是我2017年9月24日在上海财经大学百年校庆财经季系列高端公益讲座上的演讲经整理、扩充，党的十九大召开后又修改而成的。原文发表于《比较》2017年第6辑（总第93辑）。

党的十九大报告明确提出，要"着力构建市场机制有

效、微观主体有活力、宏观调控有度的经济体制”。这样一个经济体制有赖于正确处理好政府与市场的关系，真正做到让市场在资源配置中发挥决定性作用，同时让政府在维护（如保障市场秩序）和服务（如弥补市场失灵）方面发挥更好的作用。尤其要注意的是，政府的治理边界应该聚焦在维护和服务上，一旦缺失或超出这个界限，就会让市场人为失灵和更加低效。要解决人为和自身的两种市场失灵，都必须要靠制度和法治。中国经济发展到今天，迫切需要一个好的制度和法治环境，来有效制约政府公权力对经济活动的任意干预，将政府职能限定在以维护和服务为主导的范围之内，明晰界定并保护各种产权，从效率和创新两个维度来支持和增进市场，促进社会的包容性发展。只有政府服务的“援助之手”发挥作用，社会才能变得公平正义、安定有序、和谐稳定。这就需要深化市场化改革及其配套体制机制改革，以此为中国实体经济服务和实现社会经济良性发展。

当然，除了内部深化改革、放开搞活，通过制度和法治来合理界定和厘清政府与市场、政府与社会的治理边界，推进国家治理体系和治理能力现代化，还需要充分认识到开放的极度重要性，对外进一步放开搞活。纵观中国历史，在明清以前，盛世常常是与开放联系在一起的。早在两千多年前，西汉时期的中国就已开始与西域在经济和文化上往来交流，特别是与匈奴的河西之战打通“丝绸之路”之后，开通了连接古代亚洲、欧洲和非洲各大文明区的陆上商业贸易路线，中国的造纸术、印刷术、火药、指南针四大发明，以及丝绸、茶叶、瓷器、中医药等经此传送到了世界各地，而西方的珍禽异兽、犀角香料、玻璃器皿、乐器和天文学等也纷纷输入中国。现代世界，改革与开放是相互依托、相辅相成的内在逻辑关系：没有改革，开放无法展开，没有开放，关起门来搞改革，看不到世界的发展进步，改革一定也无法深入。

为此，在这篇文章中，我着力从八个方面论述了良性发展的制度逻辑及改革。

1. 基础制度才是经济良性发展的关键所在

中国实体经济陷入困境背后的原因是多方面的，包括周期性因素、外部性因素、国情因素等。比如，外部性因素，美国的贸易政策、减税政策、政治因素等波动都可能对我们造成很大影响。当然，我们也可能影响美国和其他国家，大家本来就是相互影响，也可能是相互促进的。国与国之间在处理问题时都是利己的、逐利的，美国肯定是站在美国的立场上，我们当然也是站在自己的立场上。但无论怎样影响，外部因素都不是最根本的，问题更多是由自身因素造成的。

对中国经济和社会自身的问题，也要从源头上解决，从根源来看主要是制度因素，它决定了资源配置效率、创新力、企业家精神，技术创新和工业革命是否出现在很大程度上也取决于基础元制度环境是否良好。在体制机制改革和治理方面，现在中国还有不少需要解决的问题，因此深层次的根源是制度因素。党的十八届三中全会已经给我们指明了体制机制及其深化改革的方向，但进展缓慢，有利于激发人们创业创新的基础元制度还没有很好地建立起来。基础制度才是经济和社会良性发展的关键所在，是决定性因素。基础制度由三方面的制度安排组成：①治理，并且必定要有依法治国的强制能力和政府的强执行力等方面的治理；②具有诱因的激励制度，如市场制度，必定是这种包容性的经济制度；③社会规范，也就是文化和理念的因素，这种非正式制度安排是非常重要的。企业的文化，学校的文化，一个国家的文化和理念，是最节省制度成本的，但不能在短期内形成，需要长期慢慢地积累，反复迭代积淀才能形成。

在由政府、市场与社会组成的现代社会中，好的治理决定了好的市场经济和好的社会规范，其关键就是政府的定位要恰当，并且必须以政府为主体，市场和社会主要靠政府主动去界定和厘清，当然这也导致了改革的异常艰巨。

2. 改革不改革、改革到位不到位，经济增长差异巨大

中国经济的大发展需要从经济自由化向市场化、民营化的深层次制度改革来实现。是否采取了这样导向的改革，其差异巨大。中国有很多例子，1980年初邓小平提出中国到20世纪末经济发展在GDP方面要翻两番。要达到这个目标，需要将GDP增速从当时的4%提升到7%以上。这样的高目标当时看起来似乎是不可能的，几乎所有的经济学家，包括我的导师林少宫和张培刚两位教授在给我们上课时论及此事，也都认为这是不可能的事情。因为他们是在假定制度环境不变的情况下来考虑这个问题的，在20年这么长的一段时间内将GDP提高整整3个百分点确实难以想象。但是，从计划经济向以市场经济为导向的改革开放所取得的结果大大超出了这个目标。这是被实践所检验的结论，量化分析的结果告诉我

们，将来经济增长和发展的预测也大致如此。

四位俄罗斯裔经济学家在NBER（美国国民经济研究局）的工作论文《1953年以来的中国经济》中对1953—2012年中国经济增长因素进行了分析，并对2012—2050年经济增长做了预测，通过运用国际前沿的“楔子法”（wedge method）找到一些领域扭曲最大的地方，分别以改革开放前后各因素的贡献作为假设进行预测比较，其结论就是，改革与不改革，对经济增长影响的差别巨大，年增长率在2012—2024年相差近3个百分点，而改革开放前后30年相差更大，超过4个百分点。为了检验这个量化结果的准确性，上海财经大学高等研究院“中国宏观经济形势分析与预测”课题组也进行了不同的量化分析，通过“楔子法”也给予了同样的验证。在市场化的城乡改革和国有企业改革均较为理想化的情景下，我国经济的潜在增长率在未来很长时间内都将保持在相当高的水平，自2016年起，仍能在未来的7~8年内保持7%以上的平均增速。与之相反，如果自2016年起各项改革即陷入停滞，则潜在增长率也会受到较大影响，在2016—2020年和2021—2025年的平均增速仅有5.57%和4.36%，将极大地增加我国经济掉入中等收入陷阱的风险。

3. 激发创新与企业家精神有赖于基础制度环境

中国要实现从大国到强国的转变，其发展方式必须从不可持续的要素驱动转向创新驱动。在这一转变过程中要素的作用依然不可或缺，只是不能再过多地依靠规模投入，而要靠技术创新进步引领。那么，创新，特别是应用性的科技创新，靠什么？创新型社会如何形成？要靠企业家，要靠企业家精神！靠能有利于创新、激励创新，能形成大批企业家和创新型企业的基础制度环境。很多人，包括许多知名教授认识到了企业家、企业家精神的重要性，其看法当然是对的，但遗憾的是，他们没有论及产生企业家和企业家精神背后的制度基础才是根本，甚至有些人还认为制度不重要。这样的观点是大错特错的。企业家及企业家精神不是天然就有的，企业家精神是衍生制度，是表层制度，它是依赖于基本、基础的元制度，它需要有一个良好的制度环境作为前提条件。比如，国企里面能有多少企业家和企业家精神？即使民企都是逐利的，但能否及愿意去创新则取决于基本的市场制度，并且是规范的竞争市场制度，而不是政府随意干扰的市场制度。

科技创新不是孤立的，是建立在制度创新基础上的。科技创新与制度创新的关系是作用与反作用的关系。好的制度可以降低创新活动的交易成本，创造合作条件，提供激励机制，还有利于创新利益的内部化。科技创新体系制度基础的建设目标之一就是要促进创新要素间的互动与合作。的确如此，著名经济学家威廉·鲍莫尔（William Baumol）扩展了熊彼特的创新理论，论述了创新和企业家精神的确立依赖于制度的选择，从而是内生变量。如果影响企业家行为配置的游戏规则是非正常乃至破坏性的，那么创新和企业家精神也得不到释放。只有在一个良性的规则体系下，土地、劳动力、资本这三大基本要素才能在创新和企业家精神的驱动下自由流动、优化组合，进而实现效率提升和创新激活。

有观点认为竞争不重要，垄断最重要，其逻辑是竞争的市场没有利润，而垄断的市场有利润，企业才愿意去创新，所以垄断很重要。这种似是而非的逻辑判断是机械、死板、静态的判读，是因果倒置的。而我的看法恰恰相反，是竞争而不是垄断才有动力去创新，不是垄断才有创新，而是创新才有垄断，不能因果倒置。如果只是谈垄断重要，那国企改革就不要改了，它本身就是垄断的，运输行业、金融行业、有规模经济的行业基本上是被政府、国企垄断的，它们有创新的动力吗？其实，市场竞争和企业创新是不可分割的主体，它是一种辩证统一的动态关系。哪个企业或企业家喜欢竞争？没有一个喜欢竞争，钱不好赚，竞争赚不到钱，企业家不喜欢竞争，最好是垄断。而老百姓作为产品的需求方，却非常喜欢竞争的市场，在竞争的市场里他们能以最便宜的价格买到同质的产品，会有更高质量和更新的产品供其选择。如果市场是自由的、规范的，不是垄断的，在一种自由有序竞争的情况下，企业要获得大利，唯一的选择就是创新。就像苹果公司，创始人之一乔布斯被解雇后，苹果公司几乎处于破产边缘，其股价一度跌到3美元左右，1997年乔布斯回归苹果公司后，通过颠覆性、革命性的创新，创造性地发明了智能手机，重新占领了市场，获得了巨大利润，促使其他手机厂商跟进，不断地改革创新，国内也诞生了一批诸如华为手机、小米手机等优秀手机品牌。

所以，市场竞争和企业创新是不可分割的整体，不能将其对立起来。竞争导致企业利润下降，竞争越激烈，企业利润下降越快，利润下降导致企业有动力去创新，并且要生存就不得不去创新，创新得到垄断地位从而获得垄断利润，垄断利润就会吸引更多企业参与竞争，从而形成竞争→创新→垄断→竞争这样的反复循环过程。通过这种动态博弈，市场保持活力，导致社会福利增加和经济发展。民营企业而不是政府、国有企业，才是创新的主体，中国经济向创新驱动的转型关键还是要靠民营经济的大发展。

总而言之，有利于创新的基本和基础性元制度才是最为关键的，如现代市场制度。中国应致力于经济领域形成这一制度性的良性循环过程，这才是企业愿意去创新的根本动力。从构建制度环境层面看：就企业而言，包括构建明确的产权制度、良好的市场环境和相容的激励机制；就政府而言，包括构建有效的制度安排以及相关支撑条件。同时，在不同的博弈阶段，政治经济社会文化制度环境常常会由于前期的博弈互动积累而出现变化，不能把它永远固化，新的制度设计要根据变化了的制度环境来制定，要因时、因地、因人、因事而异，不能凭空想象或刻舟求剑，这样演化和设计由此形成一种动态耦合。

4. 良性制度基于人性、信息和激励，它既是演化的，也是设计的

从以上论述可以看到，制度既是演化的，更是设计的，比如改革、制定新的规则、给人们经济自由等都是一种制度设计，设计可以加速制度的演化进程和转型，而不像奥地利学派所认为的制度只能完全演化。如果认为制度完全是演化的，那就不用改革了。而实际上，政府干预把制度环境

扭曲以后，我们还要用政府的执行力来促使改革，所以说要改革并制定新的规则。改革并不意味着要收紧制度约束，放开也是一种改革，一种制度安排的设计。我们想达到既定目标，但是信息又不对称，怎么设计出一个游戏规则，使个体在追求自身利益的同时，正好也达到了社会和设计者、改革者所想达到的目标，简单说，就是让他人或个体做了你期望达到的事情，这就是激励制度，但是现在很多制度是激励扭曲的。所以，制度的设计非常重要。人的利己无所谓好坏之说，无论是理性还是有限理性，都属于个体自利性或逐利性。事实上，任何社会现象归根结底都产生于个体的逐利性和个体之间信息的不对称性，关键在于用什么制度向什么方向引导。邓小平说得好："制度好可以使坏人无法任意横行，制度不好可以使好人无法充分做好事，甚至走向反面。"

要解决好治理和发展的逻辑问题，就要立足于信息不对称和个体自利性这两个最大客观现实，它们是制度设计的基本逻辑出发点。不同的制度安排将导致人们有不同的激励反应，不同的权衡取舍将导致不同的结果。这就是中国的松绑放权改革取得如此巨大成就的原因，也是要调动老百姓的积极性，要明晰产权界定，要让市场在资源配置中发挥决定性作用的根本原因。当然，市场机制也有很多问题，完全自由的市场不能解决收入差距过大的问题，不能解决公共品和公共服务不足的问题，不能解决规模经济的问题，不能解决竞争导致垄断的问题。因为它把人的逐利性、恶的方面充分调动起来了，需要恰当的引导，需要规范，从而需要政府发挥维护和服务的作用。如党的十九大报告中所提及的，未来仍需要“保持宏观经济稳定，加强转变政府职能，深化简政放权，创新监管方式，增强政府公信力和执行力，建设人民满意的服务型政府”，其核心问题是处理好政府与市场、政府与社会的关系。

5. 良性发展呼唤有能、有为、有效、有爱的有限政府

如前面提到的，我们需要有好的市场经济、好的社会规范，政府的恰当定位至为关键。的确如此，政府有很大的信息盲区，不可能成为事事都有为的“有为政府”，因而政府定位一定要恰当、合理。为此，我近年提出了政府的定位应该是“五有”政府，即应该以有能、有为、有效、有爱的有限政府为目标推进改革，起到维护和服务的作用。简言之，有能（capable）主要是讲政府执行力的问题，有为（accountable）就是政府在应该作为的地方不缺位，有效（effective）是政府行政的效能和效率问题，这三个主要是处理好政府与市场的关系，以促进有效市场形成为导向，有爱（caring）则是讲处理好政府与社会的关系。

至于有限（limited）政府，就是凡是现有市场能做好的，让市场去做，市场不能做好的，政府才需要发挥作用。这样，它的治理边界一定是有限的。有不少人反对有限政府的说法，认为政府的治理边界是无限的，那样就会造成更大、更严重的人为市场失灵，使其无法发挥好的作用，过度强调政府作用的人没有充分认识到政府过位的危害性。有限政府的基本含义就是，只要市场能有效发挥作用的，就应该

让市场发挥决定性作用，只有当市场失灵（由政府的缺位或过位造成）时，政府才应该有为去补位或去位。所以，有限政府的治理边界应该基本限定在维护和服务上，起到维护和服务的补位作用。而现状是，中国各级政府更多还是发展型政府，而非公共服务型政府。的确如此，政府的支出大致可以分为三块：一块是维护的支出，另一块是经济建设的支出，还有一块是服务的支出。中国与G7国家相比，在维护方面的支出和G7国家差不多，但经济建设的支出比G7国家多了2倍，是典型的发展型政府，而在服务方面大大缺位，其服务支出只有G7国家的三分之二。

人们对有限政府的提法有许多误读、误解，以为在任何情形下就只是哈耶克描述的"守夜人"角色。为了消除和避免这样的误读、误解，我需要特别强调的是，对不同的发展阶段，不同的体制，作为有限政府，其维护和服务的具体作用、内涵和程度会有很大的不同。比如，对于理想极限状态，有限政府的边界是最小的，基本就是哈耶克描述的"守夜人"角色。然而，对现实中的经济体、发展中国家，特别是转型经济体来说，市场还不是一个有效市场，这归因于两方面的失灵。如前所述，一方面是标准经济学教科书中界定的市场本身的失灵，而政府又没有去补位；另一方面是由于政府的过位、错位所致的人为市场失灵，而政府又没有从中抽身。这两方面原因的任何一个发生，都无法形成有效市场。这时，政府就比"守夜人"要发挥更大、更好、更有执行力的作用，比如政府启动和主导改革，建立和完善有利于经济发展、创业创新的现代市场制度，提供提升市场功能的产业政策（功能性或软性产业政策）以及针对新兴行业和基础行业的政策（包括适度的选择性或硬性产业政策）方面的支持等。这些都是由于发展过程中或转轨过程中的经济体还没有形成有效市场，因此政府应该发挥更多这方面的维护和服务作用，当然是通过制度的建立来解决这方面的问题，而不是直接干预经济。所以说，有限政府，特别在转轨过程中的有限政府和担当“守夜人”角色的有限政府，在很大程度上是不一样的，尽管都起到维护和服务的作用，但是内涵和目标、任务及程度等方面都有很大的差别。

所以，尽管经济环境不同，发展阶段不同，有限政府作用的内涵及程度也不同，但这些不同的作用都可归纳为政府在不同情景下应发挥维护和服务的作用。政府不仅要在它应该补位的地方“有为”，也要“有能”，也就是有国家能力（state capacity），能将国家意志、目标转化为现实的执行力。政府的执行力和权威对经济和社会的良性发展也是很重要的。政府执行力可以由两种方式体现：一种执行力是由激励相容的具有内在诱因的制度来体现，是一种自我实施、有“胡萝卜”柔性的有执行力的经济制度，其范畴主要体现在经济活动方面，如建立良性市场制度；另一种执行力就是来自政府方面有强制力保障和驱动的执行力，如依法治国，规章制度及政策得到严格执行，严格起到维护（包括保护社会秩序、个体经济自由选择权和财产权等）和服务的作用等，这也是决定经济发展的一大重要因素和指标。中国经济改革之所以取得巨大成就，除了提供大量激励机制松绑放权的经济改革，还有一个重要原因就是政府具有强有力的执行力，这也是执政能力的重要体现之一，使政治社会稳定和政府决策能够得到贯彻。

此外，政府还要有爱，也就是让社会和谐。有爱主要讲的是政府要关注民生、促进社会公平正义，解决生态环境、贫富差距、诚信友爱、安定有序等方面的问题，尤其是生、老、病、居、教等民生需要，真正做到生计有所靠、终老有所养、病疾有所医、住者有所居、求学有所教，这才是广大民众真正期望的，也是有能、有为、有效和有爱的有限政府的应有之责。为此，政府需要从与民争利的发展型政府向为公共利益服务的包容型政府转变。政府要最大限度地缩小自身的经济人角色，扩大公共服务范围和加大服务力度，弥补市场失灵，直至消除政府角色“缺位”的现象。一方面，为作为微观经济主体的企业创造良好的经济社会制度环境，提供经济发展所需的软硬件基础设施，这是政府公共服务的经济维度。另一方面，通过转移支付和财政手段支持教育、科技、文化、社会保障、公共医疗卫生、环境保护等社会发展项目，为全体公民参与市场竞争创造相对公平的起点，这是政府的社会性公共服务部分。如果我们的政府不真正为人民服务，公共服务没有到位，没有弥补市场失灵，而是缺位的话，那么老百姓怎么能长久地支持政府的改革呢？怎么可能称我们正在打造的市场经济是好的市场经济呢？这就是我在前文也谈到的，为什么只讲政府与市场的关系远远不够，还要谈政府与社会的关系，即还要关注良好社会规范的引导和形成。

因此，政府的改革治理目标应该是成为一个有能、有为、有效、有爱的有限政府，其实现有赖于制度的良好设计。由于在政府、市场和社会这个三维综合治理框架中，政府作为一种制度安排，有极强的正负外部性，既可以让市场有效，成为促进经济改革发展的动力，让社会和谐，实现科学发展，也可以让市场无效，导致社会矛盾重重，成为巨大的阻力。政府自身的改革，特别是政府职能的转变也就成了改革的关键和重要突破口。

6. 包容性经济制度、基于法治的国家强制能力是良性发展的必要条件

美国麻省理工学院达龙·阿西莫格鲁（Daron Acemoglu）和哈佛大学詹姆斯·罗宾逊（James Robinson）两位教授在《国家为什么会失败》一书中有一个观点，就是强调包容性经济制度对经济增长的重要性。我同意这个观点，但同时也认为，包容性经济制度这个维度只是必要条件，任何一个国家如果不实施包容性的市场机制，在经济发展方面如果是攫取性的，肯定不行，不具有可持续性。中国历史上文景之治、开元盛世、贞观之治、康乾盛世等时期的轻徭薄赋政策，都是施行了比较具有包容性的经济国策，促进了经济增长。但是，他们的另外一个观点我不能完全同意。他们认为，政治制度一定是民主的、自由的国家才能施行。仅从经济发展的视角看，这一推断并不一定成立。中国两千多年的封建社会，绝大部分时期（直到1840年），中国无论是总产值还是GDP都是世界上数一数二的，但是封建王朝绝对不是民主的，也不是法治的，它们靠的是政府的权威和执行力，

封建王朝也有很大的执行力。

当今世界，无论是资本主义制度的美国还是社会主义制度的中国，尽管政治制度不同，但政府在一个方面却是相同的，那就是这两个国家都有很强的执行力，再加上经济上施行的都是比较具有包容性的制度，也就是胡萝卜加大棒缺一不可，所以都能成为世界上经济政治方面数一数二的大国。可以看出，中国之所以在过去十几年取得很大的成就，正应了小平同志所说的“发展是硬道理”和“压倒一切的是稳定”。当然，中国的封建王朝，没有解决长治久安的稳定问题，朝代反复更迭，每一次变更都导致了国家财产和人口的巨大损失，并不能说这样的封建制度是成功的，但总的来说，在过去两千年的大部分时期里，中国基本上是世界上数一数二富裕的国家，就是因为处理好了经济和国家这两个维度。

经济上的包容性和基于法治的国家强制能力（state coercive capacity）都说明了国家的执行力（executive ability）。从经济上来看就体现了人性化的激励相容性，机制设计理论就是用执行力来等价表达激励相容的意思，这是一种柔性执行力，而强制能力却是一种刚性执行力，依法治国就是刚性执行力的具体表现。综合采用胡萝卜加大棒再加上包容性和谐社会理念，并晓之以理、诱之以利和动之以情，是将一件事情办成（包括国家成功）的充分条件。因此，具有激励相容的包容性经济制度和具有依法治国的国家强制能力的权威政府制度是一国良性发展和成功的必要条件，基本解释了古今中外一个国家、一个朝代为什么成功，而历史上缺乏这两个必要条件中任何一个的国家基本上都是不成功的。

7. 良性发展呼唤国家治理、市场化和社会规范制度供给的综合改革

良性发展实际上是呼唤综合型治理方面的深化改革，在经济上就是真正进行让市场在资源配置中发挥决定性作用和政府发挥好的作用的改革，在政治上要有一个权威的国家治理能力和治理体系的现代化，此外还要建立良好的社会规范。社会规范方面的问题不解决，精神文明和生态文明的问题不解决，经济不可能良性发展，社会不可能和谐。我非常认同社会主义和谐社会的特征：民主法治、公平正义、诚信有爱、充满活力、安定有序、人与自然和谐相处。即使我们的政府是一个有能、有为、有效的有限政府，但是没有爱也不行，当然有爱也不能过度，像欧洲过度的福利社会也不能长久，任何事情都要有一个度。

总之，让经济良性发展、社会稳定和长治久安，政府的恰当定位至为关键，而这又要靠政府主动去改革，合理界定和厘清其治理边界，但要政府主动去改革是异常困难和艰巨的。所以，我的基本看法就是：中国经济社会良性发展的真正关键在于供给侧结构性体制改革，关键在于政府职能的合理定位。所以，深化改革应统一到党的十九大报告提出的“以完善产权制度和要素市场化配置为重点，实现产权有效激励、要素自由流动、价格反应灵活、竞争公平有序、企业优胜劣汰”和“转变政府职能，深化简政放权，创新监管

方式，增强政府公信力和执行力，建设人民满意的服务型政府”上来。这两段话正好对应经济包容性、国家强制力（依法治国）和政府执行力及社会包容和谐性的提升。也就是，真正让市场在资源配置中起决定性作用，更好发挥政府作用，以市场化、法治化和社会规范化的结构性改革来同步解决做什么、谁去做、怎么做的问题，坚定不移地继续推行政府松绑放权、市场化制度性改革及有限政府职能的改革才是关键，而这样的深层次改革只有靠中央的权威性去推动才行。

8. 以高水平对外开放倒逼深层次制度改革

改革往往是要靠倒逼的，中国需要以更大的开放决心、力度，积极主动扩大进口、大幅放宽市场准入、改善投资营商环境、加强知识产权保护等，以更高水平的对外开放倒逼国内制度体系改革，推动中国经济实现高质量发展。第一，反思以扭曲国内资源配置为代价的出口退税政策，以降低出口退税率及与民生相关的进口关税为突破口，汇聚国内外资源满足人民美好生活需要；第二，主动面向国际资本放宽市场准入门槛，倒逼打破国内民营资本的有形和无形投资壁垒，促进统一、开放、竞争、有序的市场秩序的形成，减轻外界认为中国是政府主导市场经济活动的印象；第三，以加强知识产权保护为重点，进一步完善产权制度和营商环境，激发、培育和保护创新与企业家精神，推动中国经济向创新驱动发展转型。

十 把握中美关系发展大局，以坚持做好自己的事为根本

在过去的100多年里，中美关系的定位已经发生过多次调整，不断变化。近代开始美国参与八国联军侵入中国，这是标准的敌对关系；随后美国退回部分庚子赔款，用于科学、教育和资助留学美国；抗日战争时期，美国前期基本支持日本，中后期从财力和军力方面援助支持中国；抗日战争胜利后，美国支持国民党打内战；中华人民共和国成立后中美直接在朝鲜战争中发生冲突，随后20年中美关系极度恶化；20世纪70年代，中美关系破冰，中美建交，有了一段政治经济“蜜月”期、合作期；随后几十年，中美关系在总体向好中波浪前进，直至现阶段又出现了反复。

关系的本质内涵是信任和利益，无论是哪个层面的关系，信任是根本的前提，没有信任，就无法形成良好的关系，利益再大也不可能产生友谊和爱。所以，良好的关系就是要互信互利。现阶段中美双方都没有足够的信任，且都是从自身立场和利益出发，导致中美各方面的竞争、争论和冲突越来越大，双方的态度都更加趋于强硬。此前30多年，中国对世界和平与稳定做出了巨大贡献（自身稳定和不输出革命），进行了市场化改革和经济全球化开放，融入世界经济体系之中，奠定了中美两国信任的基础，双方均从合作中获得了巨大利益。近些年来中美民间、学界、智库、媒体对双方定位发生了很大变化。外界普遍认为中国已经崛起。改革

开放后，中国国力大幅上升，人均国内生产总值增加了25倍以上，特别是2001年加入WTO（世界贸易组织）之后发展迅速，已成为世界第二大经济体。信任的关系发生了很大的变化。

大国之间的竞争就是资源的竞争、制度的竞争、人才的竞争、技术的竞争和话语权的竞争，归根结底就是国力的竞争，但总的来说，中美竞争中，中国在很多方面与美国仍有很大差距。然而，以美国为代表的一些国家对中国产生误判和恐惧。2017年12月18日美国政府发布的《国家安全战略报告》和随后发布的《国防战略摘要》，将中国界定为“战略竞争对手”“对美国产生威胁的国家”。2018年10月4日美国副总统彭斯从南海、中国台湾、中美贸易、中国海外投资等方面对中国进行全方位的指责，几乎是一个新时期的“冷战”宣言，随后一个月内又连续发表两次类似的讲话。这已抛离了中美双方在2011年达成的“致力于共同努力建设相互尊重、互利共赢的合作伙伴关系”共识。彭斯的讲话几乎意味着中美关系的彻底转向，也意味着全球局势的一个分水岭。美国总统特朗普签署的《确保信息通信技术与服务供应链安全》行政命令，更表明其是针对“外国对手”。这项行政命令虽然没有具体点出某个国家，但已清楚显示美国要采取什么行动。除此之外，美国国会、军方、媒体、学者、企业、非政府机构等也将中国视为“对手”，较折中的观点已被边缘化。

与这一系列定位相对应的是，美国利用抬高关税壁垒的手段对中国发起贸易战，并对中国的高新技术企业，特别是信息通信企业（如华为）开始了举一国之力、政治色彩浓厚的定点“打击”遏制行动。尽管在美国国内高科技企业的反对声浪和中国的反击之下有所和缓，但是从与中国制造2025相关的领域进行科技封锁的基本态势并没有改变。与此同时，美国在WTO等诸多国际场合对中国发起攻击，极力否定中国市场经济国家地位，试图形成反中统一战线，联合同盟国家孤立封堵中国，阻止中国发展壮大，或使中国经济萎缩，或逼中国退回到封闭状态，无法分享世界文明进步成果。

当今世界已经是一个高度融合、产业链社会化生产、国际分工合作的经济共同体，超越了国家边界，核心技术创新日新月异。如果中美关系继续恶化，会导致什么样的后果呢？中美两国是否会掉入新兴大国与守成大国之间相互冲突的“修昔底德陷阱”？从历史看，对“修昔底德陷阱”的跨越，导致了两种特别形式，一种只是经济方面的竞争，另一种是全方位的冷战敌对竞争，即除了经济方面的竞争，还有制度的竞争、政治意识形态方面的竞争。目前中国与美国的竞争，我认为正好处于中间状态，考验着中国人的智慧，一旦滑向冷战式的竞争，对双方、对世界都将带来巨大损失。

美国的目标恐怕已不是巨额贸易逆差那么简单，而中国也非其他逆来顺受的小规模经济体可比拟，中美两国的经济对抗很可能持续、扩大、深入。2019年5月20日OECD（经济合作与发展组织）秘书长Gurria在接受CNBC（美国消费者新闻与商业频道）采访时认为，中美经济贸易摩擦对全球经济的影响很大。他表示，鉴于全球贸易紧张局势已经对全球经济复苏造成拖累，并将继续威胁投资和增长，OECD将2019年全球经济增速预期自2018年预估的3.9%下调至3.1%。美国商务部与美联储于5月15日公布的经济数据显示，4月美国消费领域和制造业均出现下滑，美国经济第二季度开局不利。在消费方面，美国4月零售销售额经季节因素调整后环比下降0.2%。在制造业方面，4月美国工业产值较3月下降0.5%，且其环比降幅有加大趋势，而在2019年一季度美国工业产值已同比下降2.1%。受到密切关注的美国货运需求指数4月下滑3.2%，连续第五个月走低，导致美国股市4月、5月的大幅度下滑，而6月股市大涨的原因，是经济下滑风险加大由原先执行的货币收紧政策转为量化宽松的政策。

中国整体经济也呈现下行的趋势。2019年5月15日公布的数据显示，中国4月规模以上工业增加值同比增长5.4%，低于预期值6.5%，较前值8.5%回落3.1个百分点。4月全社会消费品零售总额同比增长7.2%，创2003年5月以来最低。工业投资同比增长3.1%，增速比一季度回落1.3个百分点。进出口总额2.51万亿元，同比增长6.5%，增速比3月下滑3.1个百分点，并且股市从第二季度以来也大幅下滑。值得关注的是，中国的失业率有大幅度上升的趋势，中美贸易摩擦加速了外资撤离中国的步伐，民营企业的经营也面临较大困境，“稳就业”已成为当务之急，中央要求地方政府解决就业问题，避免出现大面积失业。

值得警惕的是，如果中美经贸摩擦持续蔓延扩大为全面冲突，对中国的长期影响后果尤其严重。

第一，中美产业链脱钩会导致大量产业转移到中国台湾及东南亚地区。过去，美国的贸易逆差来源主要是日本、“亚洲四小龙”和“亚洲四小虎”，随着中国2001年加入WTO融入世界产业链和贸易圈，逆差来源逐渐聚集到中国。中美产业链脱钩会使很多产业向其他发展中国家转移，给中国带来巨大的资本流失和就业压力。中国每年要解决1300万人左右的新增就业，一旦转移成趋势，就会带来更大的失业问题，而失业问题不仅是一个经济问题，更是一个社会稳定问题。遗憾的是，这一转移可能已经在发生。比如，截至2019年6月20日，越南外国投资商的新批、增资及出资购买股份总额达184.7亿美元，相当于2018年同期的90.8%，同比增长98%。美国货物进口也发生重大变化，对中国货物进口的增长已经是负的，这是一个很大的落差，将会影响中国的中长期发展。

第二，技术进步是促进经济增长的关键要素，而大国之间的具体竞争大多也是在技术方面。中国在对外开放中向最好的学、跟最好的比，通过吸收外商直接投资、派遣和引进海外留学生、与世界一流大学开展研究合作等方式引进消化吸收了大量国外先进科技。这些是后发国家在经济赶超过程中的常用手段，中国也为此付出了巨大的“学费”。此次，美国加强对中国在科技、教育等方面的封锁，可能会使得中国经济增长的动力有所下降。客观而言，与中国相比，美国在科技、教育以及军事等方面还保持绝对的优势，在相当长的时期内，都是中国的学习追赶对象。一旦这种封锁被执行，有可能使中国失去可供学习、供模仿的对象，增加中国的学习成本。在世界科技高度融合的大背景下，完全“自力更生”、闭门造车，独立于国际通行标准之外，无疑会延缓和影响中国从要素驱动向效益驱动，最后向创新驱动的转型。

第三，随着双方共同利益的逐渐减少及至清零，双方的战略互信可能也会消亡，届时中美关系堪忧。从忧患意识和危机意识角度出发，考虑到最大风险的可避性，以及小概率事件一旦发生，可能会引发很大的问题。目前而言，中美双方主要还是在经济贸易领域处于胶着状态，但也有向其他领域扩散的迹象，包括在南海问题、中国台湾问题、香港问题、西藏问题等方面。美国国务院个别官员将中美关系界定为“文明的冲突”和“一场不同文明和不同意识形态之间的较量”，这种危险的思维方式尽管受到了各界的批评，但是根深蒂固的意识形态偏见恐怕不会轻易得到扭转。在新的形势下，恐怕双方在经济领域无论能否达成双赢的协议，在其他方面中国都有可能面临更加复杂的局势。因此，中国要有底线思维，做最坏的打算。

伴随着中美战略关系的冲突性和对抗性趋势增强，中国经济和世界经济所面临的不确定性均显著增加，这对中美两国和世界经济增长而言都是一个不可忽视的阻碍因素。国务院于2019年6月2日发表的《关于中美经贸磋商的中方立场》白皮书指出，要通过改革开放发展壮大自己，这是应对经贸摩擦的根本之道。对于这一基本结论，我完全同意，应对中美贸易摩擦应当以保持战略定力和冷静最为重要，互信互利最为基础，做好自己的事最为根本，加大改革开放力度，以此发展壮大自己最为关键。

时至今日，改革进入深水区，加之中美博弈，世界局势和国内形势变得异常复杂和困难，但只要应对得当，仍有望走出困境。与改革开放之初的1978年和加入WTO的2001年类似，在当前情境之下扩大开放倒逼改革深化是中国应对的关键。当然，改革一定要坚持“三个有利于”：是否有利于发展社会主义社会的生产力、是否有利于增强社会主义国家的综合国力、是否有利于提高人民的生活水平。这样的改革才称得上是一个好的改革。并且，内外政策的一致性也很重要。如果没有真正意义上更大力度的改革、更大力度的开放，不埋头苦干，问题将会越来越严重，因而我们需要以更大的决心、更大的智慧、更大的定力进行更深层次的改革开放。

中国的改革和开放要加上定语，应该是市场化改革和经济全球化开放，以统一开放、竞争有序为导向让其经济体制尽可能和现代市场经济制度接近，才有可能与国际社会其他国家形成互信互利的良好局面。并且，市场化改革和经济全球化开放相辅相成。开放倒逼改革，改革推动开放。中国经济发展得益于经济全球化开放，新时期零关税、零壁垒、零补贴、加强知识产权保护、创造公平竞争的营商环境等正成为开放体系下全球经济贸易和投资的目标和重点。其中，短期内要达到零关税、零壁垒、零补贴目标困难很大，但应作为努力的方向，从更加长期的角度，以开放倒逼改革的角度去权衡和考量。

当前世界形势和格局发生了深刻的变化，变得异常错综复杂，我们更需要坚持走改革开放的道路。改革需要一定的压力和动力，开放可以形成压力和动力。在很多情况下，由于各种因素，国内环境可能无法给出足够的动力，但国际环境的催化作用将会推进中国进一步市场化的改革和经济全球化的开放。在公平竞争的市场化环境中，政府不应该是一个事事有为的政府，而应该是一个有能、有为、有效、有爱的有限政府。从根本上来说，解决中国内部的问题和在当今世界面临的困境是让市场在资源配置中发挥决定性作用，政府发挥更好的而不是更多的作用。

十一　需要以更大定力、更大力度进行市场化改革和开放

技术创新基本要靠民企，因此应坚持市场化改革和全球化开放。以史为鉴，可以知兴替，如我在合著的《中国改革：历史、逻辑和未来》中所描述的那样，中国近代以来有过三次以国有企业为主导来推动工业化，分别在洋务运动时期、抗日战争前后、社会主义改造之后的计划经济时期，但无一不以失败告终。改革开放以来的中国经济大发展主要靠的不是国有经济，而是非国有经济、民营经济，特别是后者对中国经济的贡献无论是在产值还是就业方面都是巨大的，并将在向效率驱动乃至创新驱动的转型发展中发挥主体作用。

的确如此，中国改革开放的一个重要方向就是打破计划经济时代的国有经济主导地位。中国的经济改革之所以取得这么大的成就，正是得益于民营经济大发展。没有偏见的人都会把改革开放取得的巨大成就归结于党的领导，这毫无疑

问是正确的，不过改革开放之前也是党的领导；另外也有人归结于政府的主导，但改革开放之前也是政府的主导，甚至更厉害。所有这些都是改革开放前后相同的因素。要辨析中国改革之所以取得巨大成就，我们应按照物理学中实验的基本方法论来谈什么是差异因素，还要找出哪些新的因素导致了改革开放前后经济增速的巨大差别。我认为，最重要的一个新因素就是邓小平松绑放权的经济自由选择和市场化的改革，民营经济大发展的改革。经过近40年的改革开放，包括民营经济的非国有经济在就业岗位、产值贡献方面做出了主要贡献，在今后的效率驱动和创新驱动及减少地方政府债务方面仍将起到主要作用，这需要进一步提高经济领域的自由度和竞争度，尤其要消除一些不合理的行业进入壁垒、歧视性政策等，同等对待民营经济。

党的十九大报告首次在党代会报告中直接使用民营企业表述，指出“要支持民营企业发展，激发各类市场主体活力，要努力实现更高质量、更有效率、更加公平、更可持续的发展”。这无疑是抓住了发展的关键。民营经济无论是产值还是就业，都已经占绝大部分比重，下一步中国经济要向创新驱动转变，还是要靠民营经济。创新分为两种：一种是基础研究的创新，这个得靠政府、大学。基础科学创新往往周期长，见效慢，但外部性巨大，从长远来说，基础性研究关系到国家的安全，社会的稳定，经济的稳定，要有前瞻性，但这种投入常常是亏本的，逐利的企业一般不愿意去做，这时，就需要政府及大学补位，需要投入人力和资源去做，所以要靠国家。然而，创新不仅仅是基础研究创新，还包括应用科技创新。二者一个立足当下，一个立足长远，不可偏废，不应对立。

无论是技术还是管理和商务方面的创新基本靠民企，为什么？全世界所有技术创新的成功率是多大？即使在发达成熟的现代市场经济国家，其创新的成功率也只有5%左右，在中国可能连5%都不到。中国向创新驱动转型主要还是要靠民营经济、民营企业，这是由多方面原因决定的。一是中国已经是民营经济占绝大部分比重的国家，如果作为主体的民营企业群体依然是粗放式发展，而没有创新支撑的话，那么中国经济不可能是创新驱动的；二是类似包产到户改革一样，由于自主盈亏、自我担责的激励约束，民营企业的风险偏好更强、市场敏感度更高、创新动力更足；三是中国已经涌现了一批具有创新力和全球影响力的民营企业，如华为、阿里巴巴、腾讯、小米等，证明了民营企业的创新优势，但是这些依然是少数，需要不断激发培育创新型企业。

但是，现在有一些非常不和谐的论调，与改革开放的大方向相背离，那就是所谓的民营经济离场论。其主要观点是“私营经济已经初步完成了协助公有经济实现跨越式发展的重大阶段性历史重任，下一步，私营经济不宜继续盲目扩大”，理由是“私营经济是没有纪律的，是没有深谋远虑的，是不足以应对日趋严峻的国际竞争的”。

1. 中国不应也不会重新走向封闭

当今世界已经是一个高度融合、社会化生产、国际分工合作的经济共同体，超越国家边界，核心技术日新月异。如果什么都靠自力更生，弄不好正中了对方的下怀。在当前的贸易摩擦中，对方就是想尽一切可能形成反中统一战线，孤立中国，使我国经济萎缩，逼中国退回到封闭状态。这点想不清楚，后果将十分严重。从内部看，我国面临从高速增长阶段进入高质量发展阶段的战略转向，高质量发展的主要内涵，就是从总量扩张向结构优化转变。这一结构转变不应是靠政府主导、国企主导、产业政策来实现。这样做不仅实现不了，且弄不好会造成外部的反弹，给国际社会否认中国是市场经济国家的由头而遏制中国，因而我们只能通过进一步健全完善统一、开放、竞争、有序的市场经济体制来解决问题。同时，需要提升国家依法治国能力和政府执行力及建立良好的社会规范和秩序及和谐有效的社会治理体系。国家依法治国能力的提升最终离不开三要素：法治、执行力、民主监督。

改革往往是要靠倒逼的，这次也不例外。中国不但不能走向封闭，而且需要以更大的开放决心、力度，积极主动扩大进口、大幅放宽市场准入门槛、改善投资营商环境、加强知识产权保护等，以更高水平的对外开放倒逼国内制度体系改革，推动中国经济实现高质量发展。

第一，形成更广泛的自由贸易统一战线，加快推进中欧、中英、中日韩、RECP（区域全面经济伙伴关系）等主要多边双边自由贸易协定谈判或升级谈判，积极探讨加入CPTPP（全面与进步跨太平洋伙伴关系协定）的可行性。避免中国在新一轮格局调整中被孤立于世界经济贸易体制之外。在此过程中，中国也对WTO改革发出自己的声音，形成支持多边主义、自由贸易的统一战线，增加多边贸易体制的权威性和有效性。从这个意义上讲，说“零关税、零壁垒、零补贴”是第二次入世也不为过。只有这样，才能通过国际经济利益的再调整促进新的全球自由贸易体系的形成，才能在对全球贸易规则的重新制定过程中充分保障自身的利益。

与此同时，应尽量避免将中美经贸摩擦扩散到以意识形态冲突作为典型特征的冷战中去，这将不利于中国和其他西方国家的合作发展。我们不仅仅要与非洲国家以及其他新兴经济体、发展中国家建立联系，更要衔接西方国家以及其他发达国家，形成更广泛的统一战线。这是中国革命取得成功，以及中国改革开放取得成功的法宝，需要继续加以坚持和运用。历史的经验表明，中国的发展离不开世界，世界的发展同样离不开中国。中国需要在积极参与经济全球化之中，寻找不同国家利益交汇点，凝聚不同文明价值最大公约数，构建更高水平、更高质量的开放型世界经济和人类命运共同体。

第二，倒逼国内市场化改革深化和营商环境优化，以竞争中性、所有制中立的原则进行体制性、结构性的改革，形成国企、民企、外企公平竞争的市场环境，让市场在资源配置中真正发挥决定性作用。应减少国有企业的政策优惠，赋予国有企业、民营企业和外资企业平等的市场竞争地位，通过公平的市场竞争机制来消除国企在资源配置上的扭曲状态，真正实现让市场在资源配置中发挥决定性作用。在此，要说明的是，不是不要国企，任何国家都需要国企，关系民生的、关系国家安全稳定的、对提供公共物品的行业，是需要国有企业的。因为这不仅仅是经济问题，而且是政治问题、安全问题。但在其他竞争类型的行业中，应坚持竞争中性原则。

依循这样的方向，才能实现市场在资源配置中真正发挥决定性的作用，同时让政府发挥更好的而不是更多的作用。中国过去40年改革开放之所以成功，是因为外资企业进入后的鲇鱼效应和示范效应，民营企业的大发展、大繁荣，国有企业的产权和公司治理改革，国企、民企、外企共同发挥作用。党的十九大报告提出要建设现代化经济体系，这有赖于统一开放、竞争有序的现代市场体系的建立健全。只有建立这样的体系，才能给各类企业提供自主经营、公平竞争的良好营商环境，才能实现商品和要素资源的自由流动与平等交换，才能为高质量发展奠定坚实的微观经济基础。

第三，不断完善产权保护制度尤其是知识产权保护法律制度体系，加强开放背景下的科学技术与教育合作交流，促进科学精神、人文精神与企业家精神的互动互促，助推中国从要素驱动向创新驱动转型。创新，特别是技术创新，主要靠市场而不是靠政府，靠民企而不是靠国企。基础研究主要靠政府，但科学技术的创新、商业模式的创新主要是靠民企，而不是靠国企，因为技术创新的成功率不到5%。无论是国内，还是国际上，最具有创新的企业，都是民营企业，比如中国的华为、腾讯、阿里巴巴等。它们的创新所形成的阶段性“垄断”及竞争压力下的持续创新是市场决定资源配置的结果，不同于靠行政性重组所形成的市场垄断，后者不具有公平性和持续性。不论是从发展、从效率，还是从稳定的角度，改革、发展、稳定、创新、治理应是五位一体的。

当然，创新背后依靠的是完善的产权保护制度尤其是知识产权保护制度。中国经济在市场化改革的过程中，必须不断健全完善知识产权保护体系，深化科技体制改革，赋予科研机构和研究人员更大的自主权，这样才能真正提高效率，激发、激活创新力。与此同时，中国还需要加强科技和教育领域的国际交流，特别是与发达国家之间的交流合作，针对后发国家的教育扶贫在当前不应成为我国国际教育交流的重点。高等院校是孕育和培养学生科学精神、人文精神的场所，应该进一步全面深化教育改革，实行十二年义务教育，打通割裂脱节的基础教育与高等教育，着力培养真正具有独立思考能力和批判性思维的创新型人才，这样其在参与市场经济活动的过程中才能创造出更大的社会财富和福利。

2. 应尽快形成市场经济在中国社会的共识

从党的决议、政府文件、学者著述、媒体报道等各个方面我们都可以看到对市场经济的肯定表述，但也不能否认现在存在各种各样的杂音，这有多重的原因。首先是理念上和教条主义的原因。一些人常常将经济学过度意识形态化和教条主义化，我不否认经济学作为社会科学具有一定的意识形态，但是不应该将其教条化、藩篱化。正如邓小平同志提出“计划和市场都是经济手段”“社会主义也有市场”的论断那样，现代经济学主要是为研究现代市场经济制度提供理论支撑和方法，是研究市场制度的工具，不是区分社会性质的关键。中国40年的改革开放实践充分说明了这一点，如果没有以市场化为导向的改革开放，要取得40年的经济高速发展的巨大成就是不可想象的，而现代经济学和中国经济学家在市场化改革措施和政策制定中都发挥了重要作用。

其次是利益上的原因。市场化的改革，会触动一些利益团体的既得利益。起始于30多年前的上一轮改革，之所以能很快凝聚起共识、形成改革的势能和动力，很大程度上就是因为积重难返的极端旧体制成为众矢之的。但由于市场化改革的深入会影响到很多人的现有利益或某些人将改革和改革失误所导致的问题混为一谈而使其反对市场化改革，其原因或是理念的不同，或是满足于现状，认为没有改革的必要（新一轮改革所面临的既定利益格局已不那么容易被打破），或是相对地位、名声下降，或是自己的东西被改掉就不高兴；也可能是改革的方式方法本身有问题，而使其对改革产生强烈抵触和反对，无法形成上下一致的改革共识、动力和勇气。所以，下一步当然要让一些掌握话语权的利益阶层不反对改革，一方面尽量做到帕累托改进，另一方面还要从理念上影响他们、团结他们。

对于我们每个人而言，大环境是外生的，大家都是在约束条件下做事情，我们能做的改变非常有限，所以最优的心态就是面对。同时，也不要将自己及自己所学专业的作用想象得无限大，个人是无法解决关键性和根本性问题的。对于一个国家的社会经济发展，理论探讨、理性思考和理论创新的重要性自不待言，也是我们作为学者的责任和中国知识分子的传统，但是决定国家大政方针的基本制度才是根本、关键和决定性的。如果关系到国家的走向和长治久安的政治、经济、社会、文化等方面的基本制度没有确定，再好的理论也发挥不了多大的作用，说不定还适得其反，个人的作用就更加有限。当然，我们作为学者也不能完全束手无策、毫无作为，应该为改革鼓与呼，为开放鼓与呼，希望政府能真正进行深层次的改革开放。

总而言之，中国经历了40年的改革开放后正进入一个新的历史航程，当前国内外政治经济环境异常错综复杂，中国正面临着发展驱动和经济体制双转变及如何处理好国际关系，特别是中美关系的问题。但这种转变不应靠过度干预的产业政策来实现，这样不仅实现不了，弄不好还会造成外部的强烈反弹，使国际社会否认中国是市场经济国家从而遏制中国发展。在坚持对外开放不动摇的大前提下，发展的关键还是要靠自己。如果我们没有真正意义上的更大力度的市场化改革、更大力度的全球化开放，不埋头苦干、韬光养晦，问题将会越来越严重。因而需要以更大的决心、更大的智慧、更大的定力、更大的力度进行更深层次的改革开放，真正让市场在资源配置中发挥决定性作用，尤其是要素配置市场化改革是重中之重，同时让政府在维护和服务基本职能边界内更好发挥作用，包括作为“裁判员”的规则维护者作用，而不是作为“运动员”高度嵌入市场经济活动中去，并且这样的改革一定是处理改革、发展、稳定、创新和治理的辩证统一的改革，是政府、市场和社会三位一体及各个层面互动互补的综合治理改革，才有可能形成平衡充分可持续的经济社会的良性发展。

从这个意义上来讲，当前中国所面临的形势是危中有机，通过外部经贸摩擦倒逼内部建立现代市场经济体系，求同存异、取长补短，而不是过度渲染政治经济社会等方面的差异、过度意识形态化、自我膨胀，才有望让外界看到共同点，减少矛盾，化干戈为玉帛，进一步发展壮大自己。为此，在涉及改革方向和大政方针方面，当前急需统一思想，由于未来的不确定性、各种思潮和误区太多，有很多步调不一致的情况，使得下面很多部门方向感缺失。我们只有从思想上、方向上进一步统一到市场化改革和全球化开放上来，促进财政政策和货币政策有效协调，促进中央政府与地方政府激励相容，正确处理好目标与过程的关系，才有可能完成党的十九大提出的使命、愿景、目标及其他任务。

贰

主要学术贡献

我在明尼苏达大学的毕业论文有幸得到赫维茨教授的指导，并于1987年获得经济学博士学位，之后在得克萨斯A&M大学开启了我漫长的经济学学术生涯，我对经济学理论研究有着广泛的兴趣，不过在过去的30多年中，我的主要理论研究集中在机制设计、数理经济学、博弈论、拍卖理论、匹配理论等方面。随着中国经济的崛起，从20世纪90年代开始，我开始研究转型经济和中国经济的问题。我对自己学术贡献的介绍也主要围绕着这两个领域。

一　对微观经济理论的贡献

在我的学术生涯中，我致力于对微观经济理论的研究，尤其是机制设计、博弈论、拍卖理论以及匹配理论的研究。在一些由学术同行匿名评审的主流经济学国际期刊，我发表了80多篇论文，对现有文献做出了一些原创性的、改进的以及拓展性的贡献。我的理论贡献主要涉及如下领域：①探讨纳什执行问题以及良好性质（如连续性、个体理性、预算平衡、最小信号维度、双执行等）的机制设计；②偏好最大化及优化解存在的刻画；③在不完全连续博弈的均衡存在性刻画；④具有参与成本的拍卖机制问题；⑤带配偶的双边匹配问题的半稳定匹配；⑥对不动点定理和其他相关定理的完全刻画；等等。

在上述研究领域中，我的研究工作是试图去修补以往研究存在的缺陷，并在更一般更现实的经济环境中设计更好性质（比如转移连续性、转移凸性和转移传递性）的条件、模型以及方法，来推广和改进现有文献。尽管我的研究主要探讨了理论模型和方法以及问题中的内在概念，不过这些研究成果在几乎所有的经济和商业领域中有着广泛的应用。在相关学术领域中，我的这些成果得到了广泛的引用和进一步的拓展（谷歌学术总引用数：1994），我为自己的工作能得到学术界的认可而感到欣慰。

二 对中国经济研究的贡献

随着对微观经济理论理解的深入，我逐渐意识到在现代微观经济理论与中国的改革和转型中存在一种内在的逻辑联系，中国转型相关问题也逐渐成为学术界关注的焦点。理论指导实践，同时实践反过来检验理论，严谨的微观经济理论分析与可靠的事实考察相结合会结出丰硕的成果。我在中国改革和转型的研究中也采取这样的结合，由此也得到了一些可靠的研究结果。我在中文权威期刊上发表了80多篇学术论文，其中包括在《经济研究》上发表10多篇论文。此外，我关于中国改革、中国经济与转型的论文和研究在中国主流媒体中得到了广泛的报道，以及大量的网络传播。在理论研究外，我把自己的理论和想法形成政策报告，有很多得到了政府和政策部门的采纳，并对经济运行发挥了一定的影响力。

我的学术专著《中国改革：历史、逻辑和未来》（合作者：陈旭东，2014年出版），是我在这一领域研究成果的一部代表作，在2015年获得孙冶方经济科学奖著作奖，它是中国经济学的最高奖。这一专著采用现代经济学基本的分析框架和研究方法，特别是机制设计理论中信息效率和激励相容的核心特征，系统化地分析了中国改革路径的演化、内在逻辑和未来。在这本专著中，理论、历史和统计分析得到一个充分的结合，与此同时，在对中国特色的政治、经济、社会和文化的约束进行深入的考察之后，本书对中国改革的政策建议更加具有可行性和可操作性。这使得该专著区别于其他零碎的以及泛泛而谈的作品。这一专著进行了系统的理论分析、政策讨论和事实考察，它的重要性在于为不同领域的读者提供了关于中国改革的内在逻辑和对改革中遇到的困难、挑战以及前景的各种不同视角。从这个意义上说，这本书在经济学科和中国经济改革与增长的分析中独具特色。

从事学术研究这么多年，特别是近20年来我所有关于中国改革文章的基本结论就是，无论是谈改革的具体举措和路径，还是方向和目标，其关键落脚点在于根本性的市场化制度改革。这个结论无论是改革从何处来，还是往何处去都以此为要。的确如此，前面也曾经提及，总结中国过去40年改革所取得的巨大成就，以及探讨当前进一步深化改革，人们一定要弄清楚是什么新的因素促使改革成就巨大，应该像物理实验一样，控制其他变量不变的前提下，研究和找出两个变量之间的关系。基于这个方法论，我们不难发现坚持党的领导、坚持社会主义、坚持社会稳定是改革开放之前就有的，那什么是新的因素？那就是：较大程度的经济上的选择自由、松绑放权的改革、引入竞争机制（包括中央与地方政府、对内对外的竞争）、对外开放、民营经济大发展的基本制度性市场化改革。

我在为纪念改革开放30周年而写的论文《从拨乱反正、市场经济体制建设到和谐社会构建——效率、公平与和谐发展的关键是合理界定政府与市场的边界》中很早就提出了效率、公平与和谐发展的关键是合理界定政府与市场的边界这一现在广为人知的命题。当然，这个副标题表达得不是非常准确，其实应该是“效率、公平与和谐发展的关键是合理界定政府与市场、政府与社会的边界”。要让经济社会得到平衡、充分的良性和谐发展，仅仅界定好政府与市场的治理边界是远远不够的，所以近些年来一直在强调还需要界定好政府与社会的治理边界。《改革开放40年再思考——平衡充分良性发展的制度逻辑》一文则指出，基础性制度的完善才是社会经济平衡充分良性发展的关键所在。其中，政府的恰当定位至关重要，只有有能、有为、有效、有爱的有限政府定位得到落实，才能真正处理好政府与市场、政府与社会的关系，导向好的市场经济和好的社会规范。政府自身的改革，特别是政府职能的转变也就成了改革的关键和重要突破口。

具体而言，我在中国经济平稳转型和经济改革的其他方面做了如下一些原创性的贡献。

1. 市场经济改革及其制度平稳转型

中国正式确立市场经济体制建设目标是以1993年党的十四届三中全会通过《中共中央关于建立社会主义市场经济

体制若干问题的决定》为标志的。这是1992年邓小平南方谈话中关于计划与市场之争一锤定音的结果，也正是那年我任中国留美经济学会会长跟时任副会长、现中国人民银行行长易纲一道开始主持编撰国内首套通俗介绍现代市场经济学的普及丛书——“市场经济学普及丛书”（共14本），该丛书于1993年10月正式出版发行，其中包括我和张帆撰写的《大众市场经济学》。

如果说上述这套丛书主要是面向社会大众普及市场经济基本常识的话，那么在接下来的1994年、1995年、1996年，我连续在《经济研究》上发表的三篇论文则主要是向专业学者阐述我对市场经济的理解及其如何在中国经济改革中逐步落地的探讨。三篇论文分别是《中国国营企业改革与经济体制平稳转轨的方式和步骤：中国经济改革的三阶段论》《中国乡镇企业的产权结构及其改革》《内生产权所有制理论与经济体制的平稳转型》。

在这些研究成果中，我给出了一个在转型过程中“非规范”经济环境下，即有限经济自由、不完善市场环境下的企业产权理论。在该理论框架下，企业所有制及最优产权安排的选择将依赖于经济环境的非规范化程度。根据经济环境的不规范程度的差异，给出不同的最优产权制度安排（民营、集体或国有产权安排）。它表明，只有经济制度环境得到适当改变，才能有效地变换产权所有制安排形式，并论证通过不断改善经济制度基本环境的改革，中国经济制度平稳转型的三阶段论（经济自由化、市场化和民营化）的合理性。

2. 开放视野下的国有银行公司治理改革

在加入WTO之后，中国国有银行不良资产比例高、资本充实率低、盈利能力差、公司治理结构落后及金融风险大等问题变得愈加突出，如何深化银行业的改革开放，兴利除弊，学术界有不同的声音。我跟王一江教授在一系列文章中提出，对国有银行进行内部改造、实行商业化经营、股份制改革的大方向毫无疑问是正确的，但问题的关键是改革的具体内涵和公司治理的具体形式。要意识到实行股份化、上市来引入竞争只是一个经济体制有效的必要条件，但不是充分条件，还需要明晰产权，加大外部监督的力度，真正地按市场的要求改善公司内部治理结构，完善外部制度环境，才能保证提高银行的效率，建立现代银行制度。

要实现上述目标，必须打破国有银行股份制改造走向“一股独大”的公司治理形式，积极引入多元战略投资者，包括民营投资者，特别是大力引进外资战略投资者，从而真正建立起适应现代经济条件的治理制度。为了更好地说明中国银行业对治理模式的选择，我们在2004年第11期《经济研究》上发表《不良资产处理、股份制改造与外资战略——中日韩银行业经验比较》一文，通过对中日韩三国银行业比较，讨论了政府控制下的银行股份制的弊病及引进外资战略投资者的重要性。我们指出，韩国金融业在亚洲金融危机爆发后所面临的问题，如银行不良债务问题、投融资能力问题等都和日本泡沫经济崩溃后所面临的问题非常相似，但开始采用英美银行模式后，大大增强了金融系统的投融资能力。

近10年来的实践充分表明，外资银行的进入为中国银行业改革提供了有效的外部激励和动力，引进了国外先进经营管理技术，缩小了与国际先进银行的差距，增强了自身发展活力。通过对外开放，促进中国银行业进一步走向国际市场，接受国际竞争的考验，提高了国际竞争力；通过对外开放，引进各类资本，壮大了中国银行业的整体实力，增强了抵御各种风险的能力；通过对外开放，中国银行业已基本融入国际银行业体系，成为其中的重要组成部分，国际化水平大大提升。

3. 现代经济学的分析框架与研究方法

2004年，我在上海财经大学经济学院进行了体制内的经济学教育改革。在改革的过程中，经济学者和学人对现代经济学的理解与掌握往往把握不准。不少人还以为，现代经济学的分析框架和研究方法只能用来研究规范市场制度安排下的经济问题，从而对现代经济学以及它的分析框架和适应范围持怀疑、批判，甚至否定的态度，认为不能用现代经济学来研究和指导中国经济及其转型问题。这些在很大程度上误导了大众。

为此，2004年11月我在上海财经大学经济学院现代经济学系列讲座中做了专为上财师生准备的题为《现代经济学的基本分析框架与研究方法》的报告。报告在广大师生中取得了热烈的反响，在网络上广为流传。后来《经济研究》编辑部王诚教授主动跟我约稿，希望发表这篇文章。于是，我对报告做了修订，在此过程中也广泛听取了艾春荣、白重恩、陈志武、费建平、甘犁、李利明、柳永明、茅于轼、钱颖一、谭国富、王一江、文贯中等人的宝贵批评意见和建议，使得文章的内容和表达有了很大的改进。这篇论文发表于2005年2月刊，后来也被《新华文摘》全文转载，现在已经成为经济学学子尤其是博士生的必读经典文献。

2015年，在《经济研究》创刊60周年之际，我也受邀写了一篇题为《经济学在中国的发展方向和创新路径》的文章。延续上一篇文章的基本观点，我在这篇文章中主要围绕两个方面的问题谈了自己的看法：一是如何看待经济理论与现实之间的落差和数学性的问题及经济理论之于经济发展最重要的指导作用是什么；二是原创性的基础理论、工具方法研究与中国经济问题研究的关系如何处理，也就是如何看待国际化与本土化的问题。我的基本观点是，每个严谨的经济理论都有相应的前提条件，不是在所有情形下都有效，除非理论有逻辑矛盾，否则它们之间没有对错之分，只有哪个理论或模型更适合中国当前经济制度环境。

4. 和谐社会与现代市场体系的一致性

2004年前后，一些学者对改革过程中出现的问题进行了反思，提出了一些观点和建议。对改革进行反思是必要的，但过犹不及，反思过头了就不是好事，而令人担心的是有人基于利益分配的不满甚至将问题意识形态化，以至于产生了怀疑和否定市场化改革方向的思潮。他们认为，中国的产权改革和市场化改革的方向错误是贫富差距巨大和国有资产大量流失的根本原因，认为中国的改革应该停下来。

我认为，这些反对改革的观点严重误导了广大民众，不利于市场化改革的进行。这些反对市场化改革的看法具有很大的片面性及危害性。中国社会诸多不和谐的深层次原因是体制性原因，有相当多的社会矛盾与国家现在正处于转型过程中有关，与农村土地制度、国有企业产权制度、收入分配制度、社会保障制度、税收制度以及政府管理制度等方面的不完善和现代市场体制的不完善有关，只有进一步深化改革才能解决这些问题，实现经济社会平衡充分良性发展。

在发表于2007年第3期《经济研究》的《和谐社会的构建与现代市场体系的完善——效率、公平与法治》一文中，我从现代经济学的视角探讨了现代市场经济制度与以民主法治、公平正义、诚信友爱、充满活力、安定有序、人与自然的和谐为基本特征的和谐社会是内在一致的，是相容的。因而，实现和谐社会的根本办法不是回到传统的国家所有制和政府管制经济，而应是加速市场化改革和建立与完善民主法治政治制度，实行科学发展。构建和谐社会的过程，是一个以市场化改革为取向的制度变迁或体制创新的过程。

5. 中国宏观经济

2008年6月，我与黄晓东教授撰写提交政策建议书《治理通货膨胀，更要警惕经济大幅下滑风险——关于解决扩大内需和抑制通货膨胀两难的政策建议》。在绝大多数学者和政府机构仍然认为当时经济过热而不断加大紧缩力度的情形下，我和黄晓东教授旗帜鲜明地给出了相反的判断，提出了“慎紧缩、稳两市（股市和房市）、拉两头（第一产业和第三产业）、控中间（第二产业）、停升值、缓提价（油价，电价）”十八字综合治理方针建议，并提交给中国人民银行、财政部、国务院政策研究室等部门领导，其后的经济发展态势和政策运行趋势也印证了报告的前瞻性。

发表于2014年9月《经济研究》的论文《政府支出乘数》是我与我的博士生王国静合作的，研究了中国政府支出乘数问题。文章首先利用一个简单的理论模型说明政府消费乘数和政府投资乘数的不同，并指出忽略财政政策规则中的内生性会对支出乘数的估计造成严重的偏误。然后构建了一个引入以上三个特征的大型DSGE（Dynamic Stochastic General Equilibrium，动态随机一般均衡）模型，并利用贝叶斯分析方法对模型的结构参数进行估计。对不同设定的模型进行比较发现，包含以上三种特征的模型能很好地拟合中国经济。估计得到的长期政府消费乘数和政府投资乘数分别为0.7904和6.1130。

叁

治学经验及心得体会

一 政治经济学学科发展应具有更大的包容性，同时在研究中努力追求科学性、严谨性、前瞻性、针对性、思想性和现实性的结合

经济学作为与中国经济改革最为密切、现实指导意义最强的学科，对推动中国过去40年的发展起到了重大作用。然而，在如何看待和探索中国特色社会主义政治经济学的问题上，我觉得中国的政治经济学无论是从解决实际问题还是包容性、规范性、科学性、严谨性、前瞻性和思想性方面，都有比较大的改进空间。中国的传统政治经济学离这些标准差得很远，远没有形成科学体系，对解决现实问题、时代性问题（如改革开放过程中出现的许多问题）显得力不从心，有些研究结论甚至与改革开放的国策没有很好地融洽。更为严重的是，现实中也存在一种排斥一切、唯我独尊的极端倾向，这非常不利于政治经济学作为一个整体的发展及其对构建中国学派的推动。

为此，我在2018年初写了《如何构建政治经济学的中国学派》一文，并发表在《中国新闻周刊》上。我在文中谈到对中国特色社会主义政治经济学的理解和看法，应该怎么去发展，怎么让它更具有科学性、严谨性、时代性、现实性、前瞻性和思想性。政治经济学本意是研究上层建筑（国家、体制、制度及其体制机制转型改革）与经济发展关系的一门

学科。然而，当前政治经济学研究在很大程度上偏离了这个基本点，许多支持改革的理论、举措和实践及改革的成果没有被纳入政治经济学的范畴，甚至一些人将其对立起来，认为是西方的东西，让学者、从事政策研究者和领导谈改革、提建议、给举措时难以思想解放，甚至战战兢兢，缩手缩脚。如果这也是西方的东西，那也是西化，许多改革建议和举措，回头来看，尽管有许多不足，但为什么在中国的改革和发展中起到这么大的推动作用呢？这说不通。

之所以如此，是因为不少人以传统书本教条和不合时宜的旧理念为据，用主观意识裁判现实，不能理解甚至误解中央的大政方针和许多改革举措（如市场化改革、国企改革、发展民营经济等），乃至产生抵触情绪，将社会主义的国体与改革开放的国策对立起来，造成了人们思想、理念上的很大困惑，难以形成上下一致共识，从而严重地影响中央的大政方针、决策部署和改革举措的落地，甚至动辄上纲上线，使得许多政府官员不敢主动作为和担当，学术探讨难以深入，这对经济发展和改革开放的进程及现代化经济体系的建设将会产生较大负面影响。此外，中国的经济学科，不止政治经济学，其学科体系、学术体系、话语体系、建设水平都不高，学术的原创性还不强。无论是在科学性、严谨性、针对性还是在现实性、前瞻性和思想性方面，传统政治经济学的研究都还有很大差距。

中国特色社会主义政治经济学的研究要有时代性，要有利于改革开放，有利于经济社会发展。为此，在界定中国特色社会主义政治经济学的定义和本质基础上，我在文中以新的“三个有利于”（是否有利于党的全面领导和执政、是否有利于综合国力的提升、是否有利于满足人民日益增长的美好生活的需要）为标准，提出了中国特色社会主义新政治经济学这样一个更具包容性的概念。在这个定义下，众多研究中国改革发展及其体制转型方面的研究成果都可以被纳入进来，这样更有利于思想解放，凝聚改革和学理共识，增强政治经济学科的包容性和生命力，有助于研究和解决中国改革、发展和体制转型问题，而不是将其排斥在政治经济学范畴之外。

我在文中提出，凡从中国国情（特别是认可中国共产党的领导，这是一大优势，也是必须承认的客观事实）出发，并以马克思的辩证唯物主义和历史唯物主义为指导（也就是实事求是，存在决定意识），采用规范分析框架和研究方法进行严谨内在逻辑的推理和论证（不见得是数学模型）来研究上层建筑（国家、体制、制度及其改革）与经济发展关系等方面的问题，都属于中国特色社会主义（新）政治经济学的范畴。当然，尽管属于同一范畴，可能会有非常不同的理论和结论。这不奇怪，现代经济学也有许多针锋相对的理论，比如有赞成凯恩斯理论的，也有否定凯恩斯理论的，有赞成中国改革的，也有不赞成（或不支持）的。如此界定的新时代中国特色社会主义政治经济学也是在改革开放的新形势下，吸收人类文明一切成果，继承和发展马克思主义经济学。同时可形成最大公约数，国内外众多研究中国改革发展及其体制转型方面的学术成果都可以被纳入这一学科体系，从而增强政治经济学科的包容性和生命力，更有利于解放思想，凝聚改革和学理共识，有助于研究和解决中国改革、发展和体制转型的实际问题，而不是将其排斥在政治经济学研究之外。

这样，国内外很多学者运用现代经济学的严谨分析框架和研究方法，来研究中国经济改革发展问题的，研究推动中国制度转型问题的，研究深化中国改革开放问题的，从这个意义上讲都是中国特色社会主义政治经济学。从这个意义上说，我研究中国经济问题20多年，包括合作撰写的专著《中国改革：历史、逻辑和未来》，也是属于政治经济学研究的范畴。诸如钱颖一教授、许成钢教授，他们研究转型问题，我想这也是属于政治经济学的范畴。我之所以在上海财经大学主持经济学院和高等研究院，是因为我搞改革有一个办学方针，就是：中国特色、世界一流、国家急需、服务社会。说到中国特色，因为经济学一个最基本的原理就是必须在约束条件下做事，不管你是喜欢还是不喜欢这些约束条件。研究中国问题要充分考虑的一个约束条件就是中国特色或国情，就是我们在研究任何一项改革和提出应对或解决方案的时候必须要考虑到国情、政治、经济、社会、文化、生态、禀赋等。

其实，马克思政治经济学和现代经济学都是从古典经济学发展而来的经济学，在许多方面是相容的，只是研究的侧重点不同，考虑问题的角度、方式和经济问题所处的时间阶段也不太一样。马克思主义最重要的原理就是辩证唯物主义和历史唯物主义，动态、宏观、长远地考虑问题；而现代经济学主要是在市场经济体制下，人们的思想觉悟有限的情况下，考虑现阶段人们具体的经济行为和现象。因此，两者都需要研究，不能将国体和国策对立起来。中国的国家体制是走中国特色社会主义道路，马克思政治经济学在这方面能发挥指导作用，而中国的国策是改革开放，提升综合国力。为此，需要让市场在资源配置中发挥决定性作用，让政府发挥好的、恰当的而不是更多的作用，现代经济学能发挥优术指导作用。

事实上，马克思主义哲学基础在现代经济学中也得到体现。辩证唯物主义强调物质按照本身固有的对立统一规律运动、发展，存在决定意识，意识反作用于存在。历史唯物主义同样强调社会历史发展具有自身固有的客观规律，认为生产力和生产关系之间的矛盾、经济基础和上层建筑之间的矛盾是推动社会发展的基本矛盾。个体（无论是个人、单位还是国家）自利性和信息不对称是当前两个最大的客观现实，也是一种客观存在。否则，中国就不要搞改革开放了。如何实事求是地应对这两大客观现实，采用什么样的游戏规则（制度、激励机制和政策）是现代经济学最关心的核心问题和主题，提出的各种激励机制就是辩证法的典型应用。

现代经济学是研究经济发展一般规律的，在解决社会主要矛盾方面具有重要作用。以现代经济学中的机制设计理论为例，其激励相容思想就是最典型的辩证法，强调对立统一运动规律。一方面，它承认个体的自利性和信息的不对称，认为经济行为人在自利倾向下有可能利用信息的不对称，做出利己而不利他的活动，对整体福利的改进形成负面影响。另一方面，它认为制度、机制是可以设计、可以调整的，通过适当的制度（游戏规则）设计（当然前提是充分考虑各类约束条件，如国情），可以将具有自利倾向的不同个体导向一个共同的目标。邓小平同志改革取得巨大成就的一个根本原因，就是构建各种激励机制，以此搞活经济。

如果政治经济学不能解决这个主要矛盾，不能解决中国改革、发展和体制转型问题，甚至将其对立起来，那就说明这个学科还很不成熟，还没有生命力。与此同时，无论是政治经济学，还是现代经济学，总的方向应该都是朝着科学性、严谨性、针对性、现实性、前瞻性和思想性等方面发展进步的。中国传统的政治经济学离这些标准还很远。奥地利学派的经济学说也是如此。尽管其经济思想很有洞见，但是它的许多假设既没有理论证明也没有通过实验得到验证，并且没有一个基本的哈耶克定理能够阐明它的批判，这是诺贝尔经济学奖得主弗农·史密斯所言。中国特色社会主义政治经济学只有进一步在规范化、现代化、国际化的导向下，从体系结构、核心价值、研究范围、研究方法、实践功能等维度，聚焦理论体系、话语体系及学科体系构建等方面不断创新和集成，才能真正称为一门科学。

二 现代经济学作为市场经济制度的基本理论基础，意识形态色彩不强，基准理论和相对实用理论都需要得到充分发展

现代经济理论是一种从给定前提假设下演绎结果的逻辑推理，与数学类似，是一种公理化研究经济问题的方法。它由假设或条件、分析框架和模型以及若干结论组成，这些结论从假设和分析框架及模型中严格导出，因而是一种具有内在逻辑的分析方法。这种具有内在逻辑的分析方法对清晰地阐述问题非常有帮助，可避免许多不必要的复杂性。经济学就是基于经济理论对观察到的经济现象做出解释、评估并做出预测。现代经济学理论按照功能可以分为两类，一类是提供基准点或参照系、远离现实的基准经济理论，而另一类则是旨在解决现实问题的经济理论，其前提假设更为接近现实，是对基准理论的修正，从而这两类理论都异常重要，是一种递进的相辅相成的关系，都可用来得出具有内在逻辑的结论和进行预测。

第一类理论主要是以成熟市场经济国家的经济环境作为理论背景的，提供的是在相对理想状态下的基础理论。因为任何一个理论、任何一个结论、任何一个论断都是相对而言的，否则无从进行分析和评价。自然科学的物理学科如此，社会科学的经济学科也是如此，都需要提供基准理论。比如，有摩擦的世界是相对无摩擦世界而言的，信息不对称是相对信息对称而言的，垄断是相对竞争而言的，技术进步、

制度变迁是相对技术落后、制度固化而言的，因而我们必须首先发展出相对理想情形下的基准理论。就像物理学里的一些基本定律、原理大多是在无摩擦的理想状态下成立的，现实中存在吗？但是这些定律、原理的重要作用谁能否认？它们为现代物理学提供了不可或缺的基准定律。同理，为了更好地研究更为现实、有摩擦的经济行为和经济现象，我们也先要研究清楚无摩擦的理想情况，以此作为基准点和参照系。而现代经济学之所以一日千里，发展迅速，正是因为有了这些理想状态下的经济理论作为基准点和参照系。

新古典经济学理论作为现代经济学的一个重要组成部分，它假定经济信息完全、交易成本为零、偏好和消费偏好及生产集都是凸性的等正则条件，就是第一类基准经济理论，提供基准点和参照系。新古典经济学以理想状态的经济作为基准点，基于理性经济人的假设，论证了自由竞争市场在资源配置上的有效性（也就是亚当·斯密“看不见手”的严谨表述）。这也为我们的市场化改革提供了一个参照系，通过不断改善经济政治社会环境，建立统一开放竞争有序的市场制度，让市场在资源配置中发挥决定性作用和更好发挥政府作用。有人认为理想参照系离现实经济太远而否定新古典经济学对中国经济改革的指导作用，这是一个经常听到的特大误解。这些人没有意识到，就是由于现实离基准点和参照系太远，这正说明了中国需要进行市场化的改革。中国要改革、转型，就一定要有目标，有目标就一定要有改革取向的基准点和参照系。既然中国要进行市场化的改革，将新古典，特别是一般均衡理论所论证市场最优经济环境作为基准点，将竞争市场作为参照系，进行这样取向的改革就非常自然和必要了。根据这些基准点界定的经济环境，我们需要进行松绑放权的自由化、民营化、市场化的改革，反对政府垄断资源和控制行业准入。同时，我们知道市场在许多情形下会失灵，一般均衡理论正好严格地界定了市场机制的适用范围，起到了界定市场有效边界的巨大作用。所以，研究经济问题，推进改革，特别是改革的大方向问题，都要从经济学的基准点说起，违反这些经济学常识，改革只有失败，这些基准点和参照系严格地给出了市场导致有效配置，从而成为好的市场经济的前提条件，而这些前提条件正好指明了改革的方向。阿罗-德布鲁一般均衡理论和宏观经济学中卢卡斯的理性预期宏观经济理论（称之为新古典宏观经济学）就是新古典经济学的标准理论，都严格论证了自由竞争市场促进了资源的有效配置。

需要指出的是，既然是基准点，经济环境就是相对理想状态，同时，它一定是作为参数给定的，否则什么都是变动的，就无法讨论任何问题，在新古典理论中以及其他许多经济理论中，经济环境包括基本制度、生产技术，必定是作为外生给定的。当然，现代经济学也有许多理论就是专门研究制度演化、技术进步的，从而也就不作为外生给定了。但不管怎样，即使为了研究制度变迁、技术进步，我们也需要先研究清楚制度固定、技术不进步这些给定的情况。既然在理想状态下的市场制度人类追求的目标，就是目标，不妨先将外生制度安排作为给定，先研究清楚具有什么好的性质。但由此将现代经济学认为只是研究制度给定的情形，那对现代经济学理论的范畴就理解得过于狭隘了，许多关于现代经济学的争论由此而起，以为其提供的只是第一类基准经济理论，从而将主要提供基准经济理论的新古典经济学等价于现代经济学，认为新古典经济学考虑的理想状态与现实世界不符合，就将现代经济学看作是固化的从而否定现代经济学，这是极大的误区。

现代经济学中每个严谨的经济理论都有其自洽的内在逻辑体系，无论是提供基准点或参照系的第一类基准理论，还是想解决现实经济问题的第二类理论，都必须给出适用的边界条件和范畴。现代经济学之所以要用到这么多数学知识，就是因为其理论具有很大的外部性，不认识和理解边界条件而盲目应用，会带来很大的问题甚至灾难性的后果，因而需要借用数学来严格地界定其边界条件。实际上，现代经济学作为市场经济制度的基本理论基础，非常注重引入自然科学的研究方法和分析框架来研究社会经济、行为和现象，强调从假设到推理到结论的内在逻辑，强调用数学和数理模型作为基本逻辑分析工具，强调以数理统计和计量经济学为基础的实证研究，具有很强的应用性、实证性和自然科学性，与其他具有很强意识形态和价值观念的人文社会科学有很大不同。这也许是经济学能够在改革开放中发挥重要作用且其作用得到各界公认的主要原因之一。但许多人由于对现代经济学有误解和偏见，想当然地认为现代经济学只是为资本主义服务的，具有很大的意识形态性，从以上可看出这是一个极大的误区。正如邓小平指出“计划和市场都是经济手段”“社会主义也有市场”的论断那样，现代经济学主要是为研究现代市场经济制度提供理论支撑和方法，是研究市场制度的工具，不是区分社会性质的关键。

三 系统的现代经济学训练是中国经济问题研究的必要条件，应在有充分的理论准备和一定的学术积淀之后再做政策或对策应用研究

我认为对于本土学者来说，首先应该进一步加强对现代经济学理论工具的学习和掌握，其次要发挥自己对中国经济具有较好把握和了解的优势。此外，应该有开放的心态，通过合作的方式，进行国际化拓展，如既可以和国外学者合作，也可以和海归学者合作，来提高自己的研究水平和研究成果质量，实现双赢。对于海归学者而言，国内工作带给他们的优势，就是身处中国经济改革和发展的大环境中，对中国现状比较了解，所以研究中国经济问题更有优势。不过，我并不赞同所有的海外学子毕业回国后就立刻致力于中国经济问题的研究。对于中国的现实，老一辈经济学者有更好的把握，很多海归青年学者虽然接受了系统的现代经济学训练，但由于对中国现实把握不够及认识不深，回国后立刻研究中国经济问题是有一定的困难的。毕业获得博士学位只是

进入经济学研究这一终身事业的门槛，初出茅庐的海归博士往往对中国现实问题把握不足，对经济理论的训练和掌握也不够，不太可能提出深邃的经济思想，也做不出什么高质量的中国经济问题研究。并且，由于名气不够，即使做出了较好的研究也不大会引起人们的注意，从而不利于个人学术生涯的发展。我个人是做纯理论研究的，直到拿到终身教职几年后才开始做中国问题研究。我看到不少刚毕业时非常优秀的青年经济学者由于没有将内功练好（理论功力及把握现实的能力不足），就立即进行中国经济问题研究，这些人往往没有什么后劲，加上国内经济学研究水平迅速上升，新人辈出，让人感觉这些人到后来所做的研究越来越差。

科学完整的现代经济学训练应该坚持“经济理论、历史比较、量化分析”三位一体的培养理念和模式。第一，理论要有内在逻辑分析；第二，历史要有历史视野的分析；第三，量化要有数据、实证的分析。现代经济学主要是在20世纪40年代后发展起来的，它以个体通常逐利为基本出发点和通过引入和采用严谨的科学方法并运用数学分析工具——对现实进行历史和实证的观察，进行严谨的内在逻辑分析上升到理论，然后再回到现实进行观察、检验——来系统地探究人类经济行为和社会经济现象。现代经济学是一门科学，代表了科学的分析框架和研究方法。这种系统探究，既涉及理论的形式，也为经济数据的考察提供了分析工具。由于研究经济社会问题不能轻易拿现实社会做实验，否则代价太大，因此既需要有内在逻辑推断的理论分析，也需要有历史的大视野、大视角来进行纵横向比较，从中汲取经验教训，还需要运用统计和计量经济学等工具手段进行实证量化分析或检验，三者缺一不可。现代经济学在做经济分析或给出政策建议时，往往需要同时从理论、历史和统计三位一体进行学理性分析，既有内在逻辑的理论分析，也有历史视角的比较分析，还有数据统计的实证计量分析加以检验和考察。的确，在最终的分析中，所有知识皆为历史，所有科学皆为逻辑，所有判断皆为统计。

总之，对于中国学者而言，在国内做研究的优势就是对中国的现实国情具有切身和相对深刻的认识，研究中国经济问题具有近水楼台之便。而随着中国经济的快速发展，中国经济问题研究在国际经济学界会得到越来越多的重视。同时，为了让中国的经济学研究与国际接轨，让越来越多的中国学者及其成果得到国际经济学界的重视，掌握经济学研究的话语权，我们也需要有相当一批人瞄准国际前沿，做纯理论问题的研究，而不单单是做中国经济问题研究。所有这些，都需要青年学者学好现代经济学，掌握其基本分析框架和研究方法。注重培养自我学习、自我更新知识的能力，在博士毕业后仍需要加强学习，培养出可以在国际期刊发表论文的能力，由于一个人的学术生涯有好几十年，有了充分的理论准备和一定的学术积淀之后，再去做一些政策性问题研究也不会太晚。

四　中国的经济学发展与创新，应该立足中国的实践，并将马克思主义经济学、现代经济学和中国传统经济思想熔铸于一炉，取长补短、相互印证

任何成熟的经济学理论体系的提炼和升华，都需要一个漫长的过程。一个经济理论要具备指导意义，就必须经过反复不断的检验，才能成为具有解释力的系统化的经济学说，这是不可能一蹴而就的。中国在这方面还有很长的路要走，但我们还是要有这样的理论雄心，以理论求真、实践务实的态度推动中国的经济学发展创新，其路径有三。

一是基于中国经济的改革深化和转型发展，提炼升华具有理论创新价值和解决现实问题的研究成果，为经济学注入中国元素。中国的经济改革和社会变革实践，为经济学的理论创新和学术繁荣提供了强大的动力和广阔的空间。结合中国的经济发展和改革实践经验，中国学者提出了中国改革的各种理论，包括如何成功变革，避免失败，让中国能长治久安的综合治理的中国改革理论。

二是以原创性理论和方法论研究推动经济学学科本身的发展，尤其是要推动理论经济学的学科建设和发展。目前中国很多经济研究还停留在对策应用研究或对经济政策的解释性成果里，纯理论、公理性理论方面的贡献严重不足，这是中国经济学界的一大短板和遗憾。那些基础性的、原创性

的，具有共性的经济学理论和工具方法的研究和创新，没有国界，具有一般性。

三是通过对中国传统经济思想的充分挖掘和现代阐释，为世界经济思想发展史补上中国篇章。中国传统经济思想曾经繁荣而富有光辉成就，许多现代经济学所论及的思想，我们的先哲们早已论述到，为中国古代经济长期领先于世界提供了思想指导。然而，由于古今中外语言的隔阂、中国经济学术发育的迟滞、话语体系的不兼容，再加上传统经济思想主要是经验总结，没有形成严密的科学体系，没有给出结论成立的范围或边界条件，没有建立严谨内在的逻辑分析，很少被外人所知，国际上对于中国传统经济思想的认知总体还非常片面。

附录

代表性论文

第一篇论文《中国国营企业改革与经济体制平稳转轨的方式和步骤——中国经济改革的三阶段论》发表于《经济研究》1994年第11期。文中提出了中国经济改革的三个基本步骤：经济主体行为自主化、市场化和民营化，并强调了这是一个考虑国情的渐进式的改革发展路径，与激进式的全盘私有化、过度市场化和盲目自由化的“休克疗法”有很大的区别。中国改革历程基本上是沿着这条道路前行的，并取得了巨大的经济发展进步。

第二篇论文《现代经济学的基本分析框架与研究方法》，写作本文的动机是澄清现代经济学及其研究方法的一些误解，帮助读者理解现代经济学最基本的分析框架和研究方法，并讨论它们在学习、研究乃至日常工作中所起的现实作用。本文对现代经济学中每一个理论基本上所共有的分析框架也做了详细的介绍，并且对其基本分析框架和研究方法的现实作用展开了讨论。

第一篇

中国国营企业改革与经济体制平稳转轨的方式和步骤[①]

——中国经济改革的三阶段论

提要：中国经济体制在向市场机制成功转型的过程中，面临着许多迫切需要解决的深层次问题。本文提出经济机制的转轨方式和步骤是最根本的战略性问题，与此紧密相连的是国营企业如何进行体制转换的问题。因此，本文讨论了中国经济体制转型的过程及国营企业所有制形式的平稳转轨的方式和步骤问题，并分析了三阶段式的渐进改革方式的合理性。

一 引言

目前以市场为取向的中国经济改革正处在转型的关键时期。一方面，从1979年开始的中国经济改革取得了巨大的成就，使得中国经济形势发生了举世瞩目的变化。这15年的经

① 原载于《经济研究》1994年第11期。

济改革给中国带来了经济的高速增长和人们生活水准的大幅度提高。经济体制转型也取得了引人瞩目的成就。由于允许了一定程度的经济自由，承认个人利益，实行分散化决策（放权），引进各种激励机制，让各种所有制生存、竞争等改革措施，促进了非国营企业（包括集体企业、私人企业、外资企业和合资企业）蓬勃发展，使得经济结构发生了很大变化。国有经济在整个国民生产总值中的比率迅速下降，非国有经济已经成为中国经济的主体推动力量。1992年，非国有经济投资总额占全国投资总额的25%，但对国民生产总值增长的贡献却达69%。此外，中国在引进市场机制、搞市场化的经济改革方面也取得了较好的成绩，现在大多数商品的价格是由市场来决定的。这些改革为市场化、国营企业民营化奠定了基础和积累了经验，这也将会加快中国经济体制向市场机制转换的速度。党的十四大已决定中国要搞市场经济，这在意识形态上很大程度地排除了走市场经济的障碍。所有这些都表明无论是从改革的成果还是从改革的经验角度来看，至今为止中国经济体制向市场机制的转型都是很成功的。

另一方面，随着改革的深入、转轨过程的加快，改革的难度和强度也增加了，面临着许多深层次的问题。其中许多非常严重的问题迫切需要解决，否则它们会阻碍中国经济市场化的进程。在这些问题中，有些是改革前就存在的，有些却是在转型期间改革过程中出现的。这些问题包括市场体系仍处在很初始的阶段；价格在很大程度上仍没有正确地反映出经济关系；宏观调控机制还没有完善；现代企业制度还没有建立；国营企业已面临着越来越严重的生存危机；政府也面临着较严重的财政赤字；许多领导干部思想僵化，虽然已决定搞市场经济，但还是用搞计划经济的方式来搞市场经济，甚至对以市场为取向的改革有抵触情绪；老百姓不能承受失业和通货膨胀所带来的痛苦；法规、条例、劳工市场、金融市场、房地产市场、产权制度和社会安全福利保障制度等都还不完善，有的甚至还没有建立。许多人利用新老制度交接的空隙阶段进行不公平竞争，借用手中的权力或关系将国家的财物化公为私、贪污、以权谋私利。此外，在改革过程中还出现了许多不协调问题。

在上述这些问题不能同时加以解决时，我们需要弄清楚哪些问题是最根本的，哪些问题是更高层次的，哪些问题需要首先加以解决，哪些问题暂时还不能解决，尽管这些问题非常重要，但还是要放在后一阶段才能解决。我们认为在回答这些问题和做出判断时要通盘考虑许多因素，比如改革的成本、风险、可行性、平稳性、时间、人们的心理和实际的承受能力。要考虑到是否能保持经济的持续增长、人民生活水平不断地提高。同时还要考虑到中国政治和经济状况、历史传统、文化背景、社会结构和前阶段改革的方式和结果，把整个经济改革的过程有机地结合起来进行考虑。从转轨的整个过程来看，我们认为经济机制的转轨方式和步骤是最根本的战略性问题，与此紧密相连的是国营企业如何进行体制转换的问题。这些关系到转轨过程的顺利、成功与否。因此本文试图对经济体制转轨和国营企业所有制转型的方式和步骤提出看法。同时，本文还将提出中国经济体制转轨三阶段论，即中国经济改革要平稳地完成向市场经济体制转轨的过程需要经过三个阶段。在这三个阶段中所要采用的改革的基本步骤是：①经济主体行为自主化；②市场化；③民营化。在这三个基本步骤下，体制转轨的基本特征是：在第一阶段中，大力发展非国营企业。这是一种让各种所有制企业的诞生和竞争促使非国营企业蓬勃发展的阶段。它保证了社会经济的持续发展，为后阶段的改革顺利进行提供了物质基础，提高和增强了人们对改革的支持力度和参与意识。在第二阶段中，各种所有制企业的继续竞争和市场机制的逐步引入将导致那些效率本来就低下，经过改革仍无出路的国营企业的衰减。在第三阶段中，将对国营企业进行大规模的民营化。第一阶段始于1978年党的十一届三中全会和1979年从农村开始的经济改革。第二阶段始于最近一两年，大致可以从党的十四大决定搞市场经济算起。第三阶段还未开始。我们认为现在还不宜开始，需等到经济成分格局进一步变化并且社会保障体系基本上建立起来后才能实行。我们估计这大致需要5~10年。下面我们将讨论这三个阶段及所应采取的步骤，并分析在中国现有的国情下这种渐进式转轨方式也许是一种既能够让经济快速增长又能保证社会相对稳定的可行的最佳转轨方式。为了了解转型的必要性和策略，我们首先简单地讨论一下一个经济机制运行良好的先决条件。

二 经济机制运行良好的四个先决条件

经济机制转换的要求并不完全是基于标准微观经济理论

中的两个福利经济学基本定理——主张实行市场机制的主要理论基础[①]，而是基于实践中指令性计划经济所带来的令人难以接受的低效率。那么是什么导致了这种低效率呢？最根本的原因是什么呢？产生这种低效率的根本原因是一个经济机制运行良好的四个先决条件——承认人的自利性，给予人们经济自由选择的权力（所谓的松绑），实行分散化决策（即中国所说的放权），引进激励机制都没有得到满足。然而对指令性经济无法解决的许多问题，市场机制却能较好地解决，其根本原因就是市场机制以这四个先决条件作为基础。

一个经济机制运行良好的第一个基本前提条件是承认个人决策行为权力——自利性权力。在市场经济学中，在论证竞争市场经济机制促使最优资源配置时，一个最基本的权力假设是：每个人都是自利的，每个人、每个企业都会在给定的法规、政策条令、预算约束、生产技术条件和价格等约束条件下争取自身的最大利益。承认人的自利性，是解决人类社会问题的一种现实的、负责的态度。相反，如果把利他性当作前提来解决社会经济问题，例如生产的组织问题，像改

① 这两个定理讲的是市场机制与其所促使资源配置的有效性（最优性）之间的关系。第一福利经济学定理阐明完全竞争的市场机制促使了帕累托有效配置。它预先假定不存在外部效应以及某种个人偏好的非充分满足（自利性）的特性。第二福利经济学定理阐明任何帕累托有效配置都可以作为一种在经过合适的资产再分配后由完全竞争的市场机制导致的配置而达到。它也预先假定不存在外部效应以及某种个人偏好的非充分满足的特性，但还要加另外一些重要假定，如个人偏好的凸性及生产技术不存在按报酬规模递增的现象等假设。详细讨论，参见田国强、张帆：《大众市场经济学》，1993；H.R.Varian.Microeconomic Analysis（1992）。

革前那样否认人的自利性，认为人们都是大公无私的，只要强调为国家、为集体就能够调动人们的积极性，其后果可能是灾难性的。自利是经济发展、社会前进的动力。中国农村家庭联产承包责任制就是承认了农民的个人利益，即满足了人的自利性后才调动了农民的积极性。包产以前，他们之所以没有积极性，是因为怕别人分享自己的劳动成果或想自己不劳动也能分享别人的劳动成果。分田到户后，农民认识到是为自己劳动，所以农民的生产积极性就大大提高了。

一个经济机制运行良好的第二个基本前提条件是允许个人基本权力——经济上的选择自由。让每个人在不危害他人利益的前提下有更多经济上的选择自由，即人们所说的“松绑”。建立在自愿合作、自愿交换基础上的经济上的自由选择在分散化决策的市场机制中起着根本性作用，是保证竞争市场机制促使资源最优配置的一个最基本的前提条件。在过去10多年时间中，中国经济改革者做了许多事，但最重要的是：放宽政策，即给生产者和消费者较多的选择自由。例如，尽管中央政府未曾给予沿海地区什么财政上的优惠，但宽松的经济政策和领导人的思想解放使得人们有了更多经济上的选择自由，沿海地区的经济因此得到迅速发展。

一个经济机制运行良好的第三个基本前提条件是分散化决策：由当事人（企业部门或个人）做出生产消费决策而不是由上级主管部门做出决策，即人们所说的“放权”或“分权”。正是由于信息不可能完全被上级主管部门掌握，人们才希望分散化决策。用激励机制这种间接控制的分散化决策方式来促使（激发）人们做决策者想做的事，或实现决策者想达到的目标。分散化决策方式大大降低了信息处理和传递的成本，更有效地利用了经济信息。指令性经济机制主要是用集中化决策方式，而市场机制主要是用分散化决策方式。

一个经济机制运行良好的第四个基本前提条件是经济机制是激励相容的。一个经济制度要解决的一大问题是如何调动人们的积极性，即如何通过某种制度或规则的安排来促使人们努力工作。一个经济制度如果不能激发其成员的积极性，反而压抑了其成员的创造力，制造出一批又一批的懒人、闲人，这个制度就不可能长期存在下去。市场机制成功地解决了激励问题，即如何调动人的积极性的问题，给主观为自己的个人以激励，使他们客观为社会而工作。市场机制所提供的激励，使自利的个人和人们之间的互利统一起来了，这也就是经济学中所说的激励相容。能否实现激励相容，关系到任何一个经济体制的存亡。

三 改革的第一阶段：经济主体行为自主化与非国营企业的蓬勃发展

转轨过程的第一阶段是经济主体行为自主化的改革。在过去的十几年经济改革中，转轨的过程基本上处于第一阶段。在这一阶段中，改革的方略主要是建立和改进一个经济机制运行良好的基本先决条件和环境。通过这十几年的改革，前面提到的一个经济机制（特别是市场经济）运行良好所需要的四个基本先决条件在中国已差不多具备。这就是：承认人的自利性（个人利益）、允许经济上的自由选择、实行分散化决策、引进激励机制。

中国取得的成就大多与建立这些先决条件分不开。这一阶段的改革使得中国老百姓的价值观念、思维方法和行为方式发生了根本性变化，变得更加理性了。人们都在根据自己的特长和门路想尽办法赚钱（尽管也有人以非理性和非法的不正当手段去赚钱）。这种价值观的根本性变化是在这一阶段发生的。人们已逐渐认识到人的自利性是不可回避的现实。通过这些年的改革，经济上的选择自由已有了很大的改善。在农村，农民获得了土地的使用权（尽管没有所有权），基本上可以决定种哪种农产品。在城市，人们可以选择继续待在国营企业吃大锅饭，也可以辞职到非国营企业去工作并承受随时可能失业的风险。通过这十几年的经济改革，分散化决策方式在中国已取得了很大进步，权力下放、岗位制、取消各种计划、让个人和企业做出消费和生产的决策。另外，中国现在已经在许多部门和行业建立了各种激励机制，它们大大地调动了人们的生产积极性。这些都是中国经济高速度增长的重要原因。

首先开始的农村改革，是从改善以上四个基本条件着手的。它是一种承认农民的个人利益、给农民生产自主权、提高农民生产积极性的改革。

由于农村这种取向的改革取得了很大成功，这种改革的方式很快被引用到其他行业和地方。比如，允许个体企业、私营企业和其他所有制形式的企业存在，给予外资、合资企业更优惠的待遇，给人们一定程度上经济自由选择权，给企业一定生产自主权，采用松绑、分权、让利、承包等改革措施。采用这种经济自主化改革的方式引发了一个结果，就是非国营企业蓬勃发展。非国有经济已成为中国经济增长的主体力量。经济发展较快的沿海省市的经济增长主要是靠非国营企业发展推动的。这种间接的、自发的、不知不觉的体制转换过程是一种让非国营企业发展壮大的过程，而不是直接针对国营企业进行的改革，是人们有了办企业的自由后而导致的结果。这避免了在改革的早期阶段和国有经济发生正面冲突。通过这种让各种所有制企业竞争的过程发展了市场体系和非国营经济。这也对国营企业有明显的示范和推动效应，国营企业的经济效率相对于改革前也相应提高了。现在中国的经济体制已从一个以公有制为主体的中央指令性计划经济体制转变为一个非国有制总产值超过半数的计划和市场混合的经济体制。国营企业的产值占国民生产总值由1978年的80%左右下降到1993年的44%。发生这种比例变化的原因并不是国营企业的破产或拍卖，而是大量的非国营企业，特别是乡镇企业诞生了。乡镇企业的蓬勃发展成为国民生产总值急速上升的重要因素，导致了国营企业与非国营企业总产值比例发生根本性变化。

四 改革的第二阶段：市场化与某些国营企业的衰减

转轨过程的第二阶段是市场化的改革。现在已进入了这一阶段。它的标志是党的十四大正式决定中国要搞市场经济。搞市场化的改革是由两方面的因素决定的。一方面，中国在以市场机制为取向的改革中已取得了很大的成绩。如上所述，通过这十几年的改革，市场经济运行良好所需要的一些基本先决条件在中国已基本上具备或有了很大改进。人们承受市场经济所带来的风险的能力也大大增强。由于市场机制的不断引入，人们对经济体制全面市场化的要求也越来越迫切。另一方面，在现有的阶段中，中国还面临着许多像前面引言中提到的问题和困难需要去解决。这其中大多数问题都是由市场体系不完善引起的。因而继续搞市场化的改革，完善市场体系势在必行，这是解决这些问题的根本方法。一个完善的现代市场经济体制不仅是放开价格，开放产品市场，给予人们自由就可以了，还包括市场价格体系、宏观调控系统、现代企业制度体系、税制（收入分配）体系、社会保障体系、法规体系、反垄断（不公平竞争）体系、开放的劳动和金融要素市场体系等。在培育和完善这些体系方面，还有大量的工作要做。我们认为随着市场体系的不断改进，这些问题都会被解决，其结果将会使某些国营企业不断地衰减。为什么会如此呢？这是国营企业的相对低效率和亏损而导致的。

由于市场化的改革，国营企业被推向了市场，需要和其他所有制企业竞争。尽管它们的效益相对于改革前已提高了很多，但由于国营企业的产权不明确、负担重、机制不灵活、政策规定或政策性的限制价格等方面影响，国营企业的效益没有同行业非国营企业的效益高，出现了所谓的“老大（国营企业）不如老乡（乡镇企业），老乡不如老外（外资企业）”的局面。

面对国营企业的严重问题，应采取什么样的办法呢？是否应按照现代市场经济国家最常用的一种办法，马上进行大规模破产或私有化？对国营企业实行大规模破产是否已成为中国经济改革的关键？中国现况是否已具备实行大规模的破产条件？我们的答案是否定的。在竞争市场中，企业在竞争中由于经营不善，生产技术陈旧，产品质量低劣，机运不佳或其他因素造成亏损甚至倒闭，从而导致了部分或全部工人失业。但是对于一个成熟的现代市场经济体制而言，它有完善的社会安全保障制度和失业救济制度，使工人在没有找到新工作之前有基本的生活保障。工人的失业并不会造成社会动荡问题。然而，对于中国所处的现况来说，由于才开始搞市场经济，中国老百姓价值观念和思维方法还不能一下子完全适应市场经济的那一套，如失业、通货膨胀。社会安全保障制度和失业救济制度还几乎没有建立或完善。由于国营企业工人数目庞大，国家现阶段也没有这个经济能力来建立足够负担巨大开支的社会保障系统。再加上劳动市场还很不发达，失业工人的出路问题不能解决。即使国营企业不破产，中国每年也需要解决1200万人左右的就业问题。其中500万人是从国营企业辞退的多余工人，700万人处于待业状态。如果让国营企业大规模破产，大量失业的工人就没有生活保障，这将会对社会的安定造成威胁，引起社会动荡。生活困难，社会和经济地位下降，这些都会导致工人心理失衡，引起其对改革的不满情绪。因此，对全面破产一定要慎重。改革需要一个安定平稳的环境。在劳动市场和社会安全保障制度还没有建立之前，国营企业本身就起着一种变相的社会保障作用。保障那些没有能力或出路、愿意继续待在国营企业的工人。现阶段要做的是给予国营企业工人更大的选择自由，比如给予工人重新选择工作（离开工厂）的自由。如果一个国营企业的工人自愿选择这种低薪但有安全保障和清闲的工作，那他可继续待在国营企业。如果他富于冒险精神，想有更高的收入、更好的发展机会，应允许他选择去非国营企业或自己创业。经济学的一个基本原理是：风险大，报酬大，或损失大。在现阶段，国营企业最好不要因经营不善而大规模地辞退工人。在机制转型的过程中，要树立人们对改革的信心，减少社会震荡，避免由于工人大量失业而对市场经济的转型持怀疑态度或有抵触情绪。

事实上，在现阶段中，应让那些经过改革也没有出路的国营企业自行衰减而不是大规模破产或民营化。由于国营企业工人都基本上有了自由选择去或留的权力，越来越多的工人都不愿意继续吃这种没有什么油水的大锅饭了。现在效益不好的国营企业工人的工资几乎是各行业最低的，这种情况在去年（1992年）国家事业单位工资调整后显得更为突出。

这将迫使更多工人离开国营企业，另找出路，从而大大加快这些国营企业的衰减。另外，国营企业资产流失严重，正在以平均每天一亿元流失的速度萎缩。

那么在多长的时间内不应进行全面的破产或民营化呢？我们估计不应在今后的5~10年内进行。这是由于全面民营化的条件还不成熟。原因是：国营企业的产值还占相当比例，差不多占总产值的一半。如苏联及东欧一些国家那样对国营企业大幅度改革，国营企业的产值必然在最初几年下降，从而导致国民总产值的下降。为此人们的生活水平也要下降，会造成人们对改革的对立情绪。并且国营企业职工的收入一时也会下降，许多工人要失业。由于社会保障制度还没有建立，失业的工人就没有出路，这将会影响社会的稳定性。由于文化传统和社会结构的因素，中国老百姓的心理承受能力没有东欧老百姓的那么大。所以，全面民营化时机还没成熟。

五　改革的第三阶段：民营化

转轨过程的第三阶段是民营化。如前所述，现在还没有进入这个阶段。那么在条件成熟后如何进行民营化呢？在全面进入民营化前，我们要先做好准备，有必要把国营企业如何股份化、民营化、破产等问题研究清楚。

受农村家庭联产承包责任制改革成功的影响，早期的国营企业的改革方式主要也是采用承包制。但是效果不是那么如意。我们知道，财产的产权包括财产的所有权和使用权。产权的明确界定能激发企业的生产积极性，从而激励企业尽可能有效地生产。农村的家庭联产承包责任制把土地使用权和所有权分开。这种承包制取得了很大的成功。鉴于农村改革的成功，在所有制改革的早期阶段中，人们就想把这种将所有权和使用权分开的承包制的改革方式用到工业、商业及其他行业中去。他们想，这样做既保持了企业或生产资料的国有性，又能调动生产积极性。但效果不尽如人意。原因是复杂的，其中一个重要原因与土地的特性有关。这个特性就是土地几乎是无弹性的（其供给曲线几乎是垂直的，因而它的供给不会随着价格发生什么变化），又不能折旧，土地肥力的减弱也是很缓慢的。这个特性可使人们能把土地的所有权和使用权分开（例如香港的土地是属于香港特别行政区政府所有的，人们向政府租赁。尽管人们没有所有权，但有使用权、收入权及转让权）。而对于那些折旧或贬值快的资产，如机器、设备，如果没有所有权，使用者没有受到激励去爱护它、保养它、维修它，却受到在承包期尽量使用它的激励，并且一旦承包失败了，承包者也没有能力承受全部损失。这样，人们越来越认识到国营企业的所有制形式转换是不可避免的。

国营企业所有制的变更有多种方式，像出售、拍卖、分掉、股份化等方式。出售或拍卖使得产权完全被清楚地界定，从而根据科斯定理（Coase theorem），促进了资源的有效配置。但一个企业很可能被一个人或多数几个人所拥有，这样会导致较不平等的配置。现有的股份制是通过认购和配置股份的方式将产权出售给了持股的人们，结果比较公平。但现有的股份制配置方式还是有问题的，就是国家持的股份太大，并且企业上级主管部门还控制着企业的人事任免权和企业的经营管理权。许多已“股份化”的企业都是“换汤不换药”，经营机制和企业领导权都是照旧。我在同一些工人交谈中了解到，他们大多对这种股份制的配置方式不热情，特别是企业效益不好的职工。他们认为以前企业亏损，全部是由国家负担。现在搞股份化了，要职工买股票，是要职工和国家一起负担企业的亏损。所以工人们都不太愿意参股。现在有些企业都是采用强制性的参股办法，工人们很不情愿。其实工人们这种担心是理性的，有一定道理。由于国家还是最大的股东，拥有最多的股份，政府仍然掌握着企业的经营权和人事任免权。厂长、经理还是由上级部门任命的，其他小股东仍然不能参与企业的决策。企业的决策权还是被政府（委派的人）掌握。由于厂长、经理对经营好坏不承担什么风险，他们不会全力去关心企业效益的好坏，亏损与否。也就是说，由于产权并没有完全地界定清楚，这样的股份制企业的生产效率不会比以前好到哪里去。可见，仅仅只是股份制改革还不能解决生产效率问题。像我在其他文章中提到的那样，一个既简单而又能有效解决问题的办法是让政府掌握的只是一种特别股，比如说它有优先分红的权利，但企业的厂长、经理或董事会应由法人股和个人股东选举产生。我认为这是一种既保证了公有制占主体（政府是最大的股东）又能让企业有效地进行生产的可行办法。我在对浙江一些地区的乡镇企业的考察中发现，许多乡镇企业就是用非常类似的方法进行股份制或股份合作制改造的，取得了很好的效果。这也间接地证明了这个方法对国营企业的适用性。

六 结束语

在本文中，我们讨论了中国经济体制转型的过程及国营企业所有制形式平稳转轨的方式和步骤问题，并分析了三阶段式的渐进改革方式的合理性。我们认为在中国所处社会结构、经济条件、文化背景、历史传统和政治环境下，中国改革的早期阶段首先需要的是改善一个经济机制运行良好的先决条件而不是首先进行市场化、民营化的改革。因为在改革的初期首先进行市场化和民营化还不能被当时中国的意识形态和人们的思想接受，而且可能还会引起政治上或经济上的动荡。而只搞改善这些先决条件的改革却比较能够被接受，因为它马上能够见效，能够保证经济不断高速增长。它不像苏联及其他东欧国家那种激进式改革方式那样，一开始就使经济下降很多。而中国这种间接式渐进改革的方式是一种使得非国营企业蓬勃发展，经济持续高速增长，人们生活水平不断提高的改革过程。它使得人们在改革中尝到了改革的甜头，增加了人们对改革的信心，增强了人民对改革的支持和参与意识。尽管由于改革带来一些失误和转轨过程中不可避免地出现一些问题，但取得的成就证明了这种改革方式的可行性和合理性。它是一种在保持经济不断增长的过程中发展和完善市场体系的，是一种对国营企业逐步进行体制转换的过程。只要继续照这种方式做下去，经济机制的转轨一定会平稳顺利完成。

需要提到的是，这种渐进式的改革方式可能只适用于像中国这种农业人口占大多数的国家，而不适用于农业人口只占较小比例的一些前指令性经济国家（像苏联和东欧国家等）。由于国情不同，一个国家的改革经验不可能完全适用于另一个国家。例如，苏联和一些东欧国家用的是“大爆炸式”或称为“震荡疗法”（急速的改革方式），而中国用的则是渐进式的改革方式。这两种方式很可能对各自国家是合适的，但对另一国家却不一定可行。中国采用的这种间接式的，从体制外先改革起的方式更适合中国的国情和文化背景，适合中国人的行为方式和经济条件。

参考文献

［1］赵凌云. 经济体制改革的八大不协调现象：兼论“渐进式”改革道路的缺陷［J］. 中南财经政法大学学报，1994，(4)：1–8.

［2］田国强，张帆. 大众市场经济学［M］.上海：上海人民出版社，1993.

［3］COASE R H. The problem of social cost［J］. Journal of Law & Economics，1960，3：1–44.

［4］VARIAN H R. Microeconomic analysis，third edition［M］. New York：W. W. Norton & Company，1992.

第二篇

现代经济学的基本分析框架与研究方法[①]

提要：本文讨论了现代经济学研究人类经济行为和经济现象所采用的基本分析框架和研究方法。一个规范经济理论的分析框架有五个基本组成部分：①界定经济环境；②设定行为假设；③给出制度安排；④选择均衡结果；⑤进行评估比较。基本的研究方法包括提供研究平台、建立参照系、给出度量标尺及提供分析工具。本文也讨论了区分充分条件与必要条件的重要性；正确理解经济理论的作用，一般性与相对性；数学在经济学中的作用等。

关键词：经济学分析框架　研究方法　参照系　分析工具

近些年来，不时看到有人从研究方法到结论对现代经济学大肆进行批判，否认现代经济学及其研究方法，并宣称要

① 原载于《经济研究》2005年第2期。限于篇幅，本文在原稿基础上做了较大的删改，完整版本可在作者的网站（http://people.tamu.edu/~gtian/）见到。在此感谢艾春荣、白重恩、陈志武、费建平、甘犁、李利明、柳永明、茅于轼、钱颖一、谭国富、王一江、文贯中、周晓娟（按姓氏音序排列）等人的宝贵批评意见和建议，这些意见和建议使得文章的内容和表达有了很大的改进。

创造出自己的经济学。但这些所谓的经济学往往只给出了观点，既没有明确的前提假设条件和分析框架，也没有逻辑推理和严格证明；既拿不出周密可靠的数据做依据，又不引用基本的经济理论，随随便便就得出了自己的结论，并将所谓“自己创新的观点”的作用无限放大。我们还不时听到有人耸人听闻地宣称：自己或某人的理论对现代经济学造成了冲击，他们往往用中国问题的特殊性来否定现代经济学。

不少人还以为现代经济学的分析框架和研究方法只能用来研究规范市场制度安排下的经济问题，从而对现代经济学以及它的分析框架和适应范围持怀疑、批判，甚至否定的态度，认为不能用现代经济学来研究中国经济及其转型问题。这也就是为什么一直到现在“西方经济学”一直是“现代经济学”最流行的代名词。许多人直观地认为，现代经济学的理论仅适用于“西方”社会。另外，由于现代经济学存在着各式各样的理论，许多理论似乎导致了截然不同的结论，其中不少理论还用到了高深的数学，这些让不少人感到现代经济学的基本分析框架和研究方法难以把握，从而对现代经济学产生了误解或畏惧。

我认为，这些观点和说法误导了不少人，这些人对现代经济学最基本的分析框架和研究方法没有弄清楚，不知道现代经济学的分析框架和研究方法具有普遍性、高度的规范性和逻辑的一致性。并且，相对于其他学科，经济学与经济社会更休戚相关，甚至会影响到经济政策的制定，因而非常有必要正本清源，讨论清楚。

本文结构如下：第一节讨论掌握现代经济学基本分析框

架和研究方法的重要性。第二节介绍现代经济学分析框架的基本组成部分。第三节讨论现代经济学的基本研究方法和所要注意的要点。第四节总结本文，并给出结束语。

一　掌握现代经济学基本分析框架和研究方法的重要性

经济学是一门研究人类经济行为和经济现象及人们如何进行权衡取舍的学问。正是由于资源的稀缺性与人欲望的无止境性这一对基本矛盾才产生了经济学，逼迫人们做出权衡取舍的选择，尽可能有效地利用资源，用有限的资源最大限度地满足人们的欲望。而现代经济学则按照科学的方法并运用分析工具——通过观察、理论和再观察——来系统地探索人类经济行为和社会经济现象，从而形成一门科学，代表了科学的分析框架和研究方法。这种系统探索，既涉及理论的形式，也为经济数据的考察提供了分析工具。现代经济学主要是在第二次世界大战以后发展起来的，通过60年的蓬勃发展，现已成为一门规模庞大、分支众多、体系严谨、模型化的社会学科，在社会科学中占有重要地位。

了解并掌握现代经济学的基本分析框架和研究方法，对正确理解和学好现代经济学以及对现代经济学的创新和应用都十分重要。它能帮助人们正确地运用经济学的基本原理和分析方法来研究不同经济环境、不同经济人行为及不同制度安排下的各类经济问题。现代经济学中的不同学派、不同理论本身就说明了现代经济学的分析框架和研究方法的普遍性和一般性。由于不同理论采用了不同的假设和不同的具体模型设定，它们可用来解释不同的经济现象，并能在接近理论假设的各类经济环境下，给出合乎逻辑的结论或进行科学的预测与推断。

经常听到有人批评现代经济学存在着太多不同的经济理论，觉得经济学流派观点各异，不知道孰对孰错，甚至有人借此讽刺经济学家"100个经济学家会有101个不同的观点和说法"，从而否认现代经济学及其科学性。其实他们没有弄清楚，正是由于不同的经济、社会、政治环境，才需要发展出不同的经济理论模型和经济制度安排。经济学家之所以对于一个问题会有不同的观点，恰恰说明了经济学的严谨和完善，因为前提变了，环境变了，结论自然就要相应地变，很少有放之四海而皆准的一般性的"好"结论，否则就不需要因时制宜，因地制宜，具体情况具体分析了。不同的经济、政治、社会环境可以发展出不同的经济理论或经济模型，但绝不是不同的"经济学"。

现代经济学的基本框架和研究方法是无地域和国家界限的，并不存在独立于他国的经济分析框架和研究方法，现代经济学的某些基本原理、研究方法和分析框架可用来研究任何经济环境和经济制度安排下的各种经济问题，研究特定地区在特定时间内的经济行为和现象。几乎所有的经济现象和问题都可以通过下面要介绍的基本分析框架和研究方法来进行研究和比较，中国实际经济环境下的各种经济问题也可通过现代经济学的分析框架来研究。事实上，这正是现代经济学分析框架的威力和魅力所在：它的精髓是要人们在做研究时必须考虑到，并界定清楚某时某地具体的经济、政治和社会环境条件。现代经济学不仅可以用来研究不同国家和地区、不同风俗和文化的人类行为（无论自私自利与否）下的经济问题和现象，它的基本分析框架和研究方法甚至也可用于研究其他社会现象和人类行为决策。事实证明：由于现代经济学分析框架和研究方法的一般性和规范性，在过去20年，现代经济学的许多分析方法和理论已被延伸到政治学、社会学、人文学等学科。

二 现代经济学的基本分析框架

现代经济学所研究的问题和解决问题的方法类似于人们处理个人、家庭、经济、政治、社会各类事务时所采用的方式。大家知道，要做好一件事情，与人打交道，首先要了解国情和民风，也就是要知道现实环境和所要打交道人的品行和性格；在此基础上，决定相应的待人处事规则，从而在权衡利弊后做出激励反应，争取达到尽可能最佳的结果；最后对所选择的结果及所采用的规则进行价值判断和评估比较。

现代经济学的基本分析框架和研究方法完全是按照这种方式来研究经济现象、人类行为以及人们是如何做出权衡取舍选择的。这种分析框架具有高度的规范性和一致性。它首先给出想要研究的问题，或想要解释的某种经济现象，即经济学家首先需要确定研究目标，然后试图回答所要研究或所要解释的问题。比如，下列问题是现代经济学直到现在仍在试图研究或回答的一些问题：为什么会出现经济周期和经济衰退？面对经济周期和经济衰退，政府应采用什么样的宏观经济政策？为什么一些国家非常富裕，另外一些国家却非常贫穷，而不是整个世界同时富裕起来？人们生活在其中的市场制度安排是如何运作的，它有什么样的优越性？市场在什么时候会失灵，如何解决？如何解决经济外部性问题，是通过政府干预，通过明晰产权的办法来解决，还是通过其他办法来解决？如何在信息不对称的情况下解决经济人的激励问题？中国经济学家所面临的问题是，如何解决经济制度转型过程中所面临的各种问题，比如：如何改革金融体系和国有企业，如何解决经济效率与公平的两难，以及国有资产流失等问题。

以上这些问题看起来非常不一样，但研究这些问题的基本分析框架却可以是一样的。一个规范的经济理论的分析框架基本上由以下五个部分或步骤组成：①界定经济环境；②设定行为假设；③给出制度安排；④选择均衡结果；⑤进行评估比较。可以这样认为，任何一篇逻辑清楚、层次分明、论证合理的经济学论文，无论结论如何或作者是否意识到，都基本上由这五部分组成，特别是前四部分。可以说，写经济学方面的论文，就是对这些部分进行具有内在逻辑结构的填空式写作。掌握了这些组成部分，就掌握了现代经济学论文的基本写作方式，也就更容易学习和研究现代经济学。

1. 界定经济环境

现代经济学分析框架中的首要组成部分，就是对所要研究的问题或对象所处的经济环境（economic environment）做出界定。如前所述，要做好任何一件事，首先要了解国情、所处的周围环境或现实背景。现代经济学在研究问题时也完全如此。在做经济问题研究时要从实际出发，对经济环境进行界定。经济环境通常由经济人、经济人的特征、经济社会制度环境以及信息结构等组成。对经济环境的界定可分为两个层次：①客观描述经济环境；②精炼刻画经济环境特征。要做好这两点，前者是科学，后者是艺术。对经济环境描述得越清楚、准确，理论结论就会越正确；对经济环境刻画得越精炼和深刻，论证起来就越简单，理论结论也就越能让人理解和接受。界定好一个经济环境，就是要将这两个层次有机地结合起来。在现代经济学大多数问题的研究中，经济环境都假定为外生给定的，而不是由理论模型延伸出来的，否则就无法讨论问题，因为总需要将一些经济因素或变量当作参数给定。

描述经济环境：现代经济学中任何一个经济理论，首先需要做的就是，对所要研究的对象或问题所处的经济环境作近似的描述。一个合理、有用的经济理论应正确、恰当地描述其研究对象所处的具体经济环境。尽管不同国家和不同地区的经济环境往往存在着差异，所得到的理论结论多半会不同，但是所采用的基本分析框架和研究方法却是一样的。经济问题研究的一个基本共同点就是要对经济环境进行描述。

对经济环境描述得越清楚、准确，理论结论就会越正确。

刻画经济环境：在描述经济环境时，一个同等重要的问题是如何做到既清楚、准确地描述了经济环境，又精炼、深刻地刻画了经济环境的特征，使之能抓住所要研究问题的本质。一个现实经济环境包括众多方面，非常复杂。比如，作为经济学主要研究的对象——人类，就有高矮、胖瘦、老少、男女、贫富之分，人的智力有高低，嗜好有差异，品行有好坏，等等。不同企业可能采用不同的生产技术，不同的生产要素组合，生产出不同的商品。如果把所有这些情况都统统描述出来，当然可以说是非常准确而真实地描述了现状或经济环境；但是如果只是将环境的所有要素简单罗列，就抓不住重点，或者说，不知道哪些方面对所要研究的问题最重要，就会无法看清问题的本质，而让大量繁杂的事实弄晕了头脑。

因此，为了避开细枝末节，把注意力引向最关键、核心的问题，我们需要根据所考虑的问题，对经济环境进行特征化的刻画。例如，在现代微观经济理论中，为了研究经济人的选择问题，一个消费者的经济特征（characteristic）就简单地假定由经济人的消费集、偏好关系（或效用函数）、初始禀赋和信息结构（如考虑不确定性）来描述；一个厂商的经济特征则由它的生产可能性集合或生产函数来表示；所有经济人的经济特征便组成了经济环境。同样，在研究区域经济的时候，需要描述经济区域环境和刻画其经济特征；在研究转型国家，如中国经济转型问题时，人们也需要刻画不规范经济制度环境下的经济环境特征。这样，对经济制度环境不规范的转型国家，我们就不能简单地照搬在规范经济环境下所得出的理论结果，而是需要刻画出转型经济的具体特征，并且仍然是采用现代经济学的基本分析框架和研究方法来研究转型经济问题。

人们也许比较容易理解，不同的经济环境可能导致不同的经济理论。但不少人难以理解的是，为什么即使现实经济环境相同，所要研究的问题相同，还会得出不同的经济理论呢？有些人因此而对现代经济学及其研究方法持怀疑，甚至否定的态度。其实，许多经济理论间的结论差异往往是经济学家对经济环境界定的差异所造成的。这种差异不仅可能是由客观经济环境上的差异所造成的，而且还可能是由经济学家对经济环境界定的主观判断所造成的。如上所述，由于经济环境十分复杂，在许多情况下，经济学不能像自然科学那样只进行描述性分析，还需要对经济环境行为方式进行抽象式的精炼特征化，找出最主要的特征，这往往会让经济学家带有一定程度上的主观判断。不同的主观判断，就会导致对经济环境的不同界定，从而导致不同的经济理论、经济学派或理论结果。现举两个例子来加以说明。

第一个例子是关于宏观经济学的。宏观经济学中有众多的学派：凯恩斯学派、后凯恩斯学派、理性预期学派（或称为新古典主义学派）、货币主义学派、供给学派和新制度学派等。其实，这些学派之间的对立并不像非经济学家或媒体所渲染的那么大，它们有许多共同之处：基本分析框架相同、研究方法相同（采用经济模型和市场均衡来分析市场）及对象相同（在市场制度安排下研究宏观经济变量的相互作用关系和变化规律），它们都相信市场制度，相信从经济运作的长期或总的趋势来说，都会趋向最优的市场均衡，这些理论之间的差异，主要是由刻画经济环境时的差异造成的，特别是对经济系统的冲击或干扰是来自需求方面还是供给方面、关于经济波动的信息是充分的还是不充分的，以及对干扰的时间效应是滞后还是瞬间等诸多假设之间的差异所造成的。

比如，在回答为什么会出现经济周期和经济衰退及应指定什么样的宏观经济政策问题时，凯恩斯学派认为关于经济或非经济因素波动的信息是完全的，这种波动主要是来自需求方面，并且价格在短期内变化极慢，以致这种波动会破坏“最优”市场均衡。为了避免或减轻经济周期给整个社会带来的损失，政府应对经济施行干预，使用经济政策，特别是财政政策，对社会总需求进行刺激或控制，从而抵消各种干扰的影响。

而1976年诺贝尔经济学奖得主弗里德曼（Friedman）认为，现实经济中对波动存在“信息不充分”及“时间滞后”效应，使得自身趋于稳定的经济在经过政策调节之后，反而变得更加震荡了，因而政府应对经济尽量减少施行干预，只对货币实行控制，保持不变的货币增长率。而以卢卡斯和萨金特为代表的新古典宏观经济学派在定义经济环境时却假定：波动的“时间滞后”效应只是瞬时现象；并在经济环境中添加了具有代表性的基本经济单位（厂商和家庭），从而使得整个理论建立在坚实的微观经济理论基础之上；经济活动中基本经济单位所需要的经济信息是不充分的。基于对经济环境的这种界定，并在理性假设下，理性预期学派认为，凯恩斯理论没有把公众对政府政策以及其他经济信息的反应考虑进去，人们往往会通过“理性预期”的行为方式，使得政府的经济政策效果事倍功半。因而，政府应该尽量不干预经济，即使在不得不使用政策去干预经济活动时，要注意政策的信誉，即政策的连贯性。卢卡斯于1995年获得诺贝尔经济学奖，新古典现已成为当今宏观经济学的主流。

而获得2004年诺贝尔经济学奖的F. E. 基德兰德（F. E. Kydland）和E. C. 普雷斯科特（E. C. Prescott），也属于新古典宏观经济学派中的重要人物。他们在20世纪80年代初期提出了真实经济周期理论，他们对经济环境的界定又有些不同，他们假定：宏观经济的波动主要是由供给方面引起的；价格和工资在短期也是瞬间发生变化的。他们进而认为，经济周期或经济波动是经济对生产技术及生产率变动的自然且有效的反映，正向技术冲击引起劳动生产率提高，就业、投资和产出也随之提高，总供给曲线上移，经济上涨，反之亦然。他们由此认为，经济周期不是对市场均衡的偏离，而是市场均衡本身暂时的波动，既然是市场均衡，便具有帕累托效率，所以不存在市场失灵，因而政府没有干预经济的必要，货币政策与财政政策尤其是赤字政策一样无效。

这个例子说明了，在一个领域中，即使研究的问题基本相同，但对经济环境的界定不同，也会产生不同的经济理论和经济学派。像自然科学对自然不断地加深认识一样，经济理论的发展在许多时候也是如此，并基于人们对经济环境的不断认识和重新刻画而不断改进，在前人工作的基础上不断改进原有理论或提出新的理论。

第二个例子是当今流行的委托代理理论、最优合同理论、拍卖理论及信息经济学。这些理论都认为，在信息不对称的情况下，市场一般会失灵，因而需要设计某种激励机制诱导经济人显示真实信息，从而达到次优结果（the second best）。这些理论中关于经济人的行为假设相同（收益最大化），所研究的问题相同（信息不对称情况下的激励机制设计问题），分析框架基本相同，研究方法相同［提供研究平台，建立参照系：给出完全信息情况下所得到的最佳结果（the first best）］。但由于对经济环境中参与者的经济特征及信息结构的界定不同，导致了不同的理论结果。这些理论中的各种不同结果主要是对经济环境刻画的差异所造成的，特别是关于经济人的特征及信息结构界定的差异所造成的。比如，关于经济人的行动是信息不对称［称之为“隐蔽的行动”（hidden action）］，还是关于经济人的特征是信息不对称［称之为“隐蔽的信息”（hidden information）］；经济人是风险中性，还是风险厌恶；契约或机制是在经济人了解信息之前制定（ex-ante），之间制定（interim），还是之后制定（ex-post）；允许共谋（collusion）还是不允许共谋；允许重新谈判（renegotiation）还是不允许重新谈判；从经济活动中所得结果的价值是私人价值，共同价值，还是关联价值等方面的差异。

这种研究的好处是，针对经济环境各种特征的刻画，给出不同的最优合同，或激励机制等制度安排。这样，根据现实选择恰当的激励机制。在许多情况下，如何界定和刻画一个经济环境，都是给出一个经济理论或决定经济制度安排最重要的步骤和环节。由于J. 米尔利斯（J. Mirrlees）、W. 维克瑞（W. Vickrey）、G. 阿克洛夫（G. Akerlof）、M. 斯宾赛（M. Spence）以及J. 斯蒂格利茨（J. Stiglitz）在这些领域中做了开创性的工作，他们分别在1996年和2001年获得了诺贝尔经济学奖。

这两个例子说明，即使只对经济环境的刻画做出一些改进或变动，也可能产生出重大的经济理论或学派。当今现代经济学中大多数的研究结果主要就是对经济环境给出不同的界定而得到的。总之，由于经济环境的不同或刻画的不同，所得出的理论结果往往也会不同。如何清楚、精炼而又客观地刻画所要研究问题的经济现状或经济环境，并建立一个高度概括的理论经济模型，这不仅仅是科学，也是艺术。

2. 设定行为假设

现代经济学分析框架中的第二个基本组成部分是对经济人的行为方式做出假设。这个假设至关重要，是经济学的根基。一个经济理论有没有说服力和实用价值，一个经济制度安排或经济政策能不能让经济持续快速地发展，关键看所假定的个人行为是不是真实地反映了大多数人的行为方式，看制度安排和人们的行为方式是不是激励相容，即人们对激励是不是做出了对他人或社会也有利的反应。

一般来说，在给定现实环境和游戏规则下，人们将会根据自己的行为方式做出权衡取舍的选择。这样，在决定游戏规则、政策、规章或制度安排时，要考虑到参与者的行为方式并给出正确的判断，看他们是自私自利还是无私利他，是忠厚老实还是老奸巨猾，是讲究诚信还是谎话连篇。面对不同行为方式的参与者，所采用的游戏规则往往也是不同的。如果你所面对的人是一个老实、做事讲诚信的人，你和他处事的方式或者说你针对他的游戏规则多半将会相对简单。如果你所面对的人是一个雷锋式的“傻子”，你和他打交道的规则也许会更加简单，不需要有什么防备心，不需要费什么精力（设计游戏规则）和他处事，游戏规则也许显得不是那么重要。但如果要打交道的人是一个难缠、狡猾、无诚信可言的人，你和他打交道的方式可能会非常的不同，与他相处的游戏规则可能会复杂得多，需要小心对付，并需要花费很大的精力。这样，为了研究人们是如何做出激励反应和权衡取舍的选择，对所涉及人的行为做出正确判断和界定是非常重要的一环。在研究经济问题时，如研究经济选择、经济变量间的相互作用和它们的变化规律时，确定经济人的行为方式也非常重要。

一个比较合理和现实而又通常被经济学家所采用的人类行为假设是，人是自利的，即人主要追求自己的利益。“人是自利的”这一人类行为假设是现代经济学中的一个基本假设。从某种意义上可以说，如果人不是“自利”的，也许就不会有经济学。因为经济学主要是研究如何用有限的资源来最有效地满足人们无限欲望的学问，而世界上的资源是有限的，只要有一个人是自利的，并且他的物欲是无穷的，就不可能实现按需分配，就需要解决如何用有限的资源满足需要的问题，也就需要经济学。利己性假设对一个国家、一个民族、一个集体、一个家庭或者一个政治家都是适用的。人们通常所说的，国家有国家的利益，民族有民族的利益，集体有集体的利益，家庭有家庭的利益，讲的就是这个道理。举例来说，政治家们也有他们自己的利益。我们当然希望政治家们总是追求整个社会的福利，真正成为人民公仆，但这往往不现实。许多政治家和政府官员也像消费者和企业所有者一样，追求着自己的利益，希望长久掌握权力，以此得到好处。如果对此有什么疑问，只要看看现实中官员以权谋私，甚至贪污腐败、行贿受贿的例子何其之多就可明白。

对人类的利己性行为假设不仅必要，符合基本现实，而且更重要的是：即使这一利己性行为假设有误，也不会造成严重后果；而相反，如果采用利他性假设，一旦假设有误，所造成的后果要比前者大得多，甚至可能是灾难性的。例如，改革开放前所采用的计划经济体制，强调“一大二公”，否定个人利益，在“文化大革命”期间甚至宣称要跑步进入共产主义。到“文化大革命”结束时，中国经济几乎处在崩溃的边缘。之所以出现这种结果，是因为当时的制度安排基于人是利他无私的假设之上的。为什么大多数的国营企业效益低下，就是由于大多数厂长、经理和他们的上级并不是“雷锋式”的人物，他们有着自己的个人利益，即使能找到对付他们的激励或监督机制，其运作机制的交易成本也太大。

其实，对人的行为做出正确判断在日常生活中也是非常重要的，俗话说“明枪易躲，暗箭难防”，伤害你最深的人往往是欺骗性最强的人——你相信他，他却欺骗你，你认为他老实，他其实非常狡猾。只要想一想在现实中将一个行事自私、狡猾的人看作是一个行事简单、一心为公的“老实人”来和他行事处世，将会对你造成什么样的后果就会明白这种假设错误的严重性。这就是为什么人们往往说，把丑话说在前面，先制定好游戏规则，为什么在现实中我们需要党纪、国法，需要各种法律和规章制度，比如严格的财务制度，实质上是为了预防个人私欲膨胀！由于不知道什么样的人有私欲，如果没有严格的财务制度，那么这些人就会任意拿走公家的财产。

在经济学中，比利己更强的行为假设是人的理性假设，也就是最优化假设：每个人、每个企业都会在给定的约束条件下争取自身的最大利益。尽管理性假设不完全真实，但与现实基本接近，至少从长远来看是如此。比如，作为一个竞争性企业，如果总是不追求利润最大化，那么它终究会被淘汰。需要指出的是，由1980年诺贝尔经济学奖获得者希尔伯特·西蒙（Herbert Simon）提出的有限理性假设并不是对理性假设作完全否定，而只是说明人们有时是健忘的、冲动的、混乱的、有感情的和目光短浅的，不能真正地总是追求其最优目标。尽管如此，有限理性假设仍然是指人的行为接近理性，是较弱的一种利己性假设，在面对这样的主观局限性约束时，人们仍然会权衡取舍，选择尽可能好的结果。当然，由于有限理性假设与理性假设的差异，经济学家会得出一些不同的理论结果。以前看到国内一些学者，用有限理性这个假设来否定现代经济学，将有限理性假设与理性假设对立起来，认为有限理性假设对现代经济学造成了冲击，其实这是误解。科学总是不断进步和发展的，和理性行为假设一样，有限理性假设也是自利行为假设的一种，只是后者是前者的推广和延拓，后者比前者更一般化。它包括了前者作为一种特殊情况，根本谈不上有限理性假设否定或者推翻了现代经济学。这就如同爱因斯坦的相对论是牛顿力学的推广和延拓一样，前者比后者更一般化，但不能说爱因斯坦的相对论否定或推翻了牛顿力学。

3. 给出制度安排

现代经济学分析框架中的第三个基本组成部分是给出制度安排，也即游戏规则。在不同的情况、不同的环境，面对不同行为方式的人们，往往需要采取不同的因应对策或游戏规则。当情况及环境发生变化时，所采用的对策或游戏规则多半也会相应地发生变化。游戏规则的制定对做任何事情都非常重要。不同的游戏规则将导致人们有不同的激励反应、不同的权衡取舍，从而可能导致非常不同的结果。这对经济学的研究也同样成立，当经济环境确定后，人们需要决定经济上的游戏规则，在经济学中称之为经济制度安排。现代经济学的任何一个理论都涉及经济制度安排。现代经济学，特别是最近30年来发展起来的经济机制设计理论、信息经济学、最优合同理论和拍卖理论等，根据不同的经济环境和行为假设，研究并给出大到整个国家、小到二人经济世界的各式各样的经济制度安排，也即经济机制[①]。

---

① 经济机制、经济制度安排、经济制度、经济体系这些术语在文献中经常互用。不过，经济体系可能覆盖面最广，经济制度次之，经济机制覆盖面最小。赫维兹将经济制度定义为经济机制的集会。在本文中，经济机制等同于经济制度安排。

依赖于所讨论的问题，一个经济的制度安排，也即游戏规则，可以是外生给定的，也可以是内生决定的[①]。

标准的现代经济学主要是研究市场制度安排。研究在市场制度下人们的权衡取舍选择问题（如消费者理论、厂商理论及一般均衡理论）以及研究在什么样的经济环境下市场均衡存在，并对各种市场结构下的配置结果做出价值判断（判断的标准基于资源配置是否最优、公平等）。在这些研究中，市场制度安排通常假定是外生给定的。将制度安排作为外生给定的好处是将问题单一化，以便将注意力集中于研究人们的经济行为及人们是如何做出权衡取舍选择的。

当然，对制度安排的外生性假设在许多情况下不尽合理。如前所述，经济制度安排应依赖于经济环境和人的行为方式，不同的经济环境和不同的行为方式应给出不同的制度安排。例如，市场制度在许多情况下会失灵（即不能导致资源的有效配置），人们想寻找替代机制，或其他更佳的经济机制，因此我们需要将制度安排看作内生量，是由经济环境和人的行为方式决定的。这样，经济学家需要给出各种可供选择的经济制度安排。

当研究一个具体经济组织或单位的经济行为和选择问题时，经济制度安排更应是内生决定的。新制度经济学、经济机制设计理论、转轨经济学、最优合同理论、信息经济学、现代企业理论、委托代理理论等就是研究经济组织及经济制度的设计问题。将经济制度安排作为未定，研究在给定的经

① 当经济制度安排作为外生给定时，它也看成是经济环境的一部分；当它是内生决定时，它就是典型的制度安排，而不是经济环境的一部分。

济环境下的经济制度安排的最优选择。将经济机制看作内生的好处是，由于经济环境往往在一定时间内是给定的，人们需要给出相应的经济机制，也即制定出相应的游戏规则。那么，在给定经济环境下，人们应该选择什么样的经济机制使之达到所想要达到的目标呢？这正是经济机制设计理论及其分支——最优合同理论和委托代理理论等——所想要解决的问题。

4. 选择均衡结果

现代经济学分析框架中的第四个基本组成部分是做出权衡取舍的选择，找出尽可能好的结果。由于做任何一件事往往存在着多种可行方案，这样人们需要做出选择。那么人们是如何做出选择，特别是经济上的选择呢？一旦给定经济环境和经济制度安排（游戏规则）及其他必须遵守的约束条件之后，人们将会根据自己的行为方式做出激励反应，在众多的可行结果中通过权衡取舍来选定结果，称为均衡结果。有人认为经济学中均衡的概念不好理解，甚至反对采用均衡的概念。其实均衡概念不难理解，它表示在有多种可供选择的方式的情况下，人们需要选定一个结果，这个最终选定的结果就是均衡结果。对利己的人来说，他将选择一个自认为是最有利的结果；对利他的人来说，他可能选定一个有利于他人的结果。

以上所定义的均衡应是经济学中最一般化的均衡定义。它包括了教科书中在自利动机的驱动以及各种技术或预算约束条件下所达到的最优消费、最大利润生产计划，称为均衡生产计划或最小成本结果均衡，它也包括了从总供给等于总需求条件下导出的市场竞争均衡。它还包括了人们在给定的市场机制下互相作用（如不完全竞争和寡头竞争市场结构下），达到某种均衡状态。以上给出的均衡概念也包括了在有限理性假设下导出的均衡以及任何给定行为（无论是自利与否）假设条件下导致的均衡。这样，根据以上对均衡概念的理解，可知有限理性假设根本没有冲击或推翻现代经济学的分析框架和研究方法。

5. 进行评估比较

现代经济学分析框架中的第五个基本组成部分，是对经济制度安排和权衡取舍后所导致的均衡结果进行价值判断和做出评估比较。当经济人做出选择后，人们希望对所导致的均衡结果进行评价，与理想的“最优”状态结果（如资源有效配置、资源平等配置、激励相容、信息有效等）进行比较，从而进一步对经济制度安排给出评价和做出优劣的价值判断——判断所采用的经济制度安排是否导致了某些“最优”结果；还要检验理论结果是否与经验现实一致，能否给出正确预测，或具有现实指导意义；最后，对所采用的经济制度和规则给出优劣的结论，从而判断是否能给出改进办法。

在评估一个经济机制或制度安排时，现代经济学通常所采用的一个最重要的评估标志是看这个制度安排是否提升了效率。所谓“效率”，就是用最低的成本，达到最佳效果。经济学中所用的帕累托最优（有效）或最佳（first best）意味着：在现有资源约束条件下，不存在改进的余地，即不存在不让任何参与人受损的情况下让一部分人的福利有所改进的资源配置方案。

帕累托最优这个概念对任何经济制度都是适用的。尽管帕累托最优标准没有考虑到社会公平问题，但它却从社会效益的角度对一个经济制度给出了资源是否被浪费的一个基本判断标准，从可行性的角度评价了社会经济效果。这意味着，如果一个社会资源配置不是有效的，则存在着改进效益的余地。当然，在现实中，由于经济环境和人的行为方式不断发生变化，科学与生产技术不断改进，精确的帕累托最优也许永远不可能实现，它只是一种理想的状态。但只要想提高经济效率，人们就应不断地追求，尽量接近这一目标。有了帕累托最优这一理想标准，我们就有了一把尺子、一面镜子或一个目标。用这个标准，我们去比较、衡量和评价现实世界中各式各样经济制度安排的好坏，看它们离这一理想目标还差多远，从而得知改进经济效益的余地，使资源的配置尽可能接近帕累托最优标准。

当然，帕累托最优是一种理想境界，对一个低效率的经济制度安排，如转型经济过程中的各种临时制度安排，帕累托最优也许是一个太高的标准。于是，退而求其次，在讨论制度的演进时，经济学家往往用帕累托改进这一标准来衡量制度转型的好坏。所谓帕累托改进意味着经济社会中所有人的福利或多或少有所改进。帕累托改进较弱的要求是社会整体福利得到改进。

尽管现代经济学对平等结果注意较少，但并不意味着现代经济学的基本分析框架不能用来研究如何促使资源平等配置。资源的有效配置与平等配置是两个非常不同的概念，它们代表了不同的价值取向。一般来说，资源的有效配置和平等配置呈现权衡取舍的反向关系。人们通常所指的平等配置是一种绝对平均的概念，没有考虑到个人偏好。由于各人的偏好不一样，把所有的商品平等地分给每一个人虽然看起来公平，但不见得大家都满意。在经济问题的讨论中，人们还用到其他意义下的结果平等概念。例如，每个人都满意自己所得的一份，即不认为别人的比自己的好。以上平等配置的概念也许更合理，因为它们考虑到了个人偏好：人们愿意得到他喜爱的商品组合，而不愿意平等地得到他不喜欢的商品组合。并且，现代微观经济理论（参见我的《高级微观经济理论讲义》第九章）告诉我们，只要每个人的初始禀赋价值相同，在通常市场均衡存在假设条件下，市场竞争机制将可同时促使帕累托最优和以上所定义的平等配置。这就是说，在理论上，只要有一个公平的竞争起点（政府可以通过税收和给每个国民同等基础教育达到这种起点平等），然后通过市场运作就可以达到既有效率而又公平的社会结果。我认为，这个结果对解决当今社会越来越大的贫富差距和社会不公，也许有一点现实指导意义。

评估一个经济制度安排好坏的另外一个重要标准就是看它是否激励相容（incentive compatibility）。激励问题在每一个社会经济单位中都会出现。一个人做的每一件事都涉及利益与代价（收益与成本），只要利益和代价不相等，就会有不同的激励反应。既然个人、社会和经济组织的利益不可能完全一致，那怎样将自利、互利和社会利益有机地结合起来呢？那就是激励相容。所谓激励相容就是使自利的个人和人们之间的互利统一起来，使得个人在追求其个人利益时，同时也达到了制度安排设计者想要达到的目标。由于每个人从所要做的事中获得利益与付出代价，通过对利益和代价的比较，将会对游戏规则做出合理的激励反应。这样，检验一个经济机制或规则是否运行良好的一个基本标准是看它能否提供内在激励使人们努力工作，激励决策者做出有利于他主管的经济组织的好决策，激励企业尽可能有效率地生产。一个好的经济制度安排就是要看它是否给自利取向的个人以激励，使他们客观为社会而工作。尽管经过20多年的经济改革，中国仍然还有许多经济政策和规则不是激励相容的。激励相容是一个非常重要的经济概念，在最近30年已成为现代经济学的一个核心概念，是任何经济体制都需要具有的性质。能否提供激励相容是检验一个经济机制的基本标准。除激励相容之外，还要看运行经济机制的代价，看是否是信息有效，有较小的制度成本和经济交易成本等。

以上讨论的五个组成部分可以说基本上是所有规范经济理论一致使用的分析框架，无论其中使用数学的多少、无论制度安排是外生给定的还是内生决定的。现举四个例子。

第一个例子是R. 科斯（R. Coase）于1960年发表的著名论文《社会成本问题》（*The Problem of Social Cost*），它几乎没有用到数学，完全用文字论述。这篇文章主要研究如何解决经济外部性问题，以此论证产权的界定和产权的安排在经济交易中的重要性。所谓外部性指的是一个经济人的消费或生产会直接影响其他经济人的福利或生产。科斯定理其实分为两部分。他的论断是：①只要交易费用为零且产权明确界定，则外部效应的水平与产权的划分无关，这个结论称为科斯中性定理（neutrality theorem）；②通过自愿交易与自愿谈判，明确界定的产权将会促使资源的有效配置，即利用市场机制，通过自愿交易与自愿谈判，可找寻到使得所有人利益之和最大的契约安排，这个结论称为科斯有效性定理（efficiency theorem）。科斯更进一步论断，即使市场交易是有费用的，在产权明确界定的情况下，相互作用的各方也会通过合约找寻到费用较低的制度安排。

为了论证他的论断，他所界定的经济环境是一个非常简单的经济环境：只有两个经济人且具有外部效用性。所设定的经济人行为假设为：两个经济人都是自利的，追求个人最大收益。给出的制度安排为：产权明确界定，给任何一方都行，并且双方可以通过自愿谈判来决定合约。于是，科斯通过例子和逻辑分析论证：每个人所选定的结果会使自己的利益最大化（选定均衡结果），从而使得外部效应的水平与产权的划分无关，并且在自愿交易与自愿谈判的情况下，促使资源有效配置（做出评估比较）。这样，尽管科斯论文没有用到数学模型，他的分析框架仍然是按照以上五个组成部分进行的。科斯首先讨论了产权制度安排作为外生给定的相对简单情况，然后讨论了产权制度是内生决定的情况。在科斯中性定理中，其结论是外部效应的水平与产权的划分无关，因而制度安排——产权明确界定——在这个命题中是外生给定的。但在科斯有效性定理中，它说的是通过自愿交易与自愿谈判，可找寻到使得所有人利益之和最大的契约（制度）安排，因而制度安排是内生决定的。

由于科斯假设了一个非常简单的经济环境，且只用文字语言讨论问题，没有像用数学模型进行讨论那样清晰，因此一些术语和逻辑分析方面有许多含混不清的地方，使得科斯定理的成立与否存在着很大的讨论空间和许多争议。在许多情况下，科斯定理成立与否依赖于经济环境的界定。例如，除非消费者的效用函数是准线性（quasi-linear），否则科斯中性定理不会成立。要知道准线性效应函数对消费者来说，是施加了一个很强的假设：对具有外部性商品的收入效益为零。不知道这个条件就可能误用这个定理。事实上，赫维兹给出了科斯中性定理结论成立的充分必要条件：当交易成本为零及产权明晰界定时，促使资源有效配置的充分必要条件是效用函数为准线性函数，即具有外部性商品的收入效应一定要为零。

科斯有效性定理的问题更大。如阿罗（Arrow）指出的那样，由于科斯的自愿谈判假设可以作为合作型博弈模型，这要求假定关于经济环境的信息是完全的。当信息不完全或不对称时，一般不能促使资源有效配置。即使信息是完全的，Aivazian和Callen证明了，合作博弈的经济核（economic core）也许是空集，从而不能促使资源有效配置。另外，Starrett论证了，对具有生产的外部性，它本质上可作为生产集的非凸性，一旦如此，有效配置也许不能通过市场机制来达到，理论上可以证明，也许不存在均衡价格来支撑有效配置（即福利经济学第二定理不成立）。还有，当经济环境中不止两人时，如何解决群体行动中固有的搭便车问题。在这种情况下，市场机制可能会失灵，需要设计出某种激励机制，搭便车问题至今仍然是一个没有完全解决的问题。另外，科斯定理还有一些其他的问题，奇普曼对文献中关于科斯定理的讨论做了一个好的综述，有兴趣的读者不妨找来看看。总之，关于科斯定理的讨论和争论仍然在继续中，这种讨论和争论带动了产权理论及组织理论的大发展。科斯定理意义深远，使得科斯获得1991年诺贝尔经济学奖。

第二个例子是纳什（Nash）的博弈均衡存在性定理。纳什是一个纯数学家，他在1951年给出了纳什博弈均衡的定义，并给出了纳什均衡存在性的证明。纳什均衡存在性是非合作博弈论的基础①。从数学原创性及证明的难度来看，这个定理不是太难，只是数学中的不动点定理的应用，但它们成为博弈论最根本的基础，使得博弈论成为经济学中最重要的分析工具之一，在经济学中有着广泛的应用，它可以用来研究经济人之间相互影响的策略选择问题。纳什凭这篇论文和1950年关于纳什谈判解的论文获得1994年诺贝尔经济学奖。我们现在来说明，尽管纳什均衡存在性定理是一个纯数学定理，当它赋予经济含义后，它的分析框架也包含这五个组成部分。经济环境：由所有游戏参与者及其经济特征所组成，这里每个游戏者的行动集、信息结构、收益函数等构成了他的经济特征。行为假设：每个游戏参与者知道其他人的经济特征，并将其他人的策略设为给定，决定自己的策略使

① 纳什在1950年的另外一篇论文给出了纳什谈判解的定义，它是合作博弈论的基础。

之最大化自己的收益。游戏规则：由支付函数或支付矩阵决定，游戏的顺序是同时行动，这里的游戏规则是外生给定的。均衡结果：所有游戏参与者的最佳策略组成了均衡策略。评估比较：对纳什均衡解进行评价，看是否达到某种社会最优或按某种标准剔除多余的纳什均衡。纳什的论文在非一般化的条件下，证明了纳什均衡的存在。由于纳什的均衡存在定理是用数学模型表达的，没有不清楚的地方，不像科斯定理，没有什么争议，为研究经济人的决策互动及其选择建立了一个很好的研究平台。

第三个例子是阿罗-德布鲁（Arrow-Debreu）一般均衡理论，它主要是为了研究竞争的市场均衡。它的一个主要假设，也是新古典经济学的一个基本假设，将市场制度安排作为外生给定。它的分析框架由这五个部分所组成。经济环境：由消费者和生产者及他们的经济特征和信息结构（如考虑不确定性）组成，这里消费者的经济特征定义为消费空间、偏好关系、初始禀赋，生产者的经济特征为生产集。制度安排：私有制下的市场机制，或称为价格机制。行为假设：每个消费者追求效用最大化；每个生产者追求利润最大化；每个人将价格作为给定。均衡结果：消费者在自己预算约束集中决定偏好最大化的消费组合；生产者在自己的生产可能集中决定利润最大化的生产计划；市场自我调节决定所有商品的市场均衡价格，即对所有的商品，总需求不超过总供给。评估比较：对一般均衡解进行评价和比较。在一般的条件下证明了：每个竞争市场均衡解引发了帕累托最优资源配置；每个帕累托最优配置结果都可以对初始禀赋实行再分配，通过市场均衡来达到。

第四个例子是赫维兹开创的经济机制设计理论。经济机制设计理论框架是最一般的理论分析框架，可非常清楚地看出它的分析框架是由这五个部分所组成的。它提供了研究如何从各种经济制度或规则做出选择的一个非常一般化的理论模型和很好的研究平台，几乎所有的经济制度都可以用这个理论框架来描述、研究、评估比较以及进行价值判断。现今具有广泛应用的许多重要理论和分析工具，如委托代理理论和拍卖理论都是经济机制设计理论的子领域。

机制设计者的目标是要设计某种制度安排使之达到某个既定的目标，因而机制设计理论与一般均衡理论的最大差别之一，是将制度安排作为内生决定的。为此，定义经济环境：由所有参与者及参与者的经济特征所组成，这里每个参与者的配置结果空间、偏好关系、初始禀赋、生产集、信息结构（如考虑不确定性）等构成了参与者的经济特征。行为假设：每个参与者根据自己的行为对机制以及其他人的选择做出激励反应，以此决定自己的策略使之最大化自己的收益。经济机制：由信息空间，决定信息如何交流的反应函数以及如何决定配置结果的结果函数所组成。均衡结果：所有参与者的最佳策略组成了均衡策略。评估比较：对均衡解进行评价和比较，看是否达到既定的目标，如是否激励相容，是否引发了帕累托最优结果，是否具有最小的机制运行成本等。

三 现代经济学的基本研究方法和注意要点

任何一个经济理论基本上都是由上一节所说的五个基本部分组成的。对这五个部分的讨论自然会引申到如何按科学的研究方法将它们有机地结合起来，并且可以逐步深入地研究各种经济现象，发展出新的经济理论。这就是本节要讨论的现代经济学中通常所采用的一些基本研究方法和注意要点。它包括提供研究平台，建立参照系，给出度量标尺，提供分析工具，注意经济理论的适用范围，区分充分条件和必要条件的重要性，以及弄清数学与现代经济学的关系等。

1. 研究平台、参照系和度量标尺

现代经济学的研究方法是，首先提供各层次和各方面的基本研究平台、建立参照系，从而给出度量均衡结果和制定安排的优劣度量标尺。提供研究平台和建立参照系对任何学科的建立和发展都极为重要，经济学也不例外。提供研究平台和建立参照系有利于：①简化问题，抓住问题特征；②建立评估理论模型和理解现实的标尺；③理论创新。

研究平台：现代经济学中的研究平台是由一些基本的经济理论或原理组成的，它们为更深入的分析打下了基础。现代经济学的研究方法类似于物理学的研究方法，即先将问题简化，再抓住问题的核心部分。当有众多因素形成某种经济现象时，我们需要弄清每个因素的影响程度。这可以通过假

定其他因素不变，研究其中某个因素对经济现象的影响来做到。现代经济学的理论基础是现代微观经济学，而现代微观经济学中最基础的理论是个人选择理论——消费者理论和厂商理论。它们是现代经济学中最基本的研究平台或奠基石。这就是为什么所有的现代经济学教科书基本上都是从讨论消费者理论和厂商理论着手的。它们为个人作为消费者和厂商如何做出选择给出了基本的理论，并且为更深入地研究个人选择问题提供了最基本的研究平台。

一般来说，个人的均衡选择不仅依赖于自己的选择，而且也依赖于其他人的选择。为了研究清楚个人的选择问题，首先要弄清楚个人选择在不受他人影响时是如何做出决策的。现代微观经济学中标准的消费者理论与厂商理论就是按照这样的研究方法得到的。在这些理论模型中，经济人被假定处于完全竞争的市场制度安排中。这样，每个人都把价格作为参数给定，个人选择不受他人选择影响，并且每个人的效用或收益只依赖于自己的选择，而不依赖于他人的选择。于是消费者的决策就是在给定价格参数和收入的条件下最大化自己的效用，从而个人的最优选择是价格和收入的函数而不是其他人选择的函数。完全竞争市场制度安排假设及没有消费外在性假设，使得我们先考虑最简单的个人选择问题，而先不需要考虑自己的选择对别人的影响，也不考虑别人的选择对自己的选择的影响。厂商理论也是从研究完全竞争市场下的企业是如何做出权衡取舍开始的。

刚开始学现代经济学的人往往会对这种研究方法感到不解，认为这种简单情况离现实太远，理论中的假设和现实太不相吻合，从而认为现代经济学理论没有什么用。其实，这样的批评表明这些人对科学的研究方法还没有理解。这种将问题简化或理想化的研究方法为更深入的研究建立了一个最基本的研究平台。这就像物理学科一样，为了研究一个问题，先抓住最本质的东西，从最简单的情况研究着手，然后再逐步深入，考虑一般和复杂的情况。标准的消费者理论和厂商理论就是按这个思路进行的，先研究最简单情况下的个人选择问题，以此建立一个研究个人选择的基本研究平台。从这个平台出发，人们可以考虑经济人之间相互影响这个更一般情况下的选择问题：个人效用或利润不仅依赖自己的选择，也依赖他人的选择，从而个人的均衡结果是他人选择的函数。微观经济学中关于垄断、寡头、垄断竞争等市场结构的理论就是在更一般情况下——厂商间相互影响——所给出的理论。为了研究经济人相互影响决策这更一般情况下的选择问题，经济学家同时也发展出博弈论这一有力的分析工具。

一般均衡理论是基于消费者理论和厂商理论之上的，属于更高一层次的研究平台。消费者理论和厂商理论为研究在各种情况下的个人选择问题提供了基本的研究平台，一般均衡理论则为研究在各种情况下所有商品的市场互动，如何达到市场均衡提供了一个基本的研究平台。而最近30年发展起来的机制设计理论又是更高一层次的研究平台，它为研究、设计和比较各种经济制度安排或经济机制（无论是公有制，私有制，还是混合所有制）提供了一个研究平台，它可以用来研究和证明完全竞争市场机制在配置资源和利用信息方面的最优性及唯一性。

参照系或基准点：参照系或基准点指的是理想状态下的标准经济学模型，它引发了理想的结果，如资源有效配置等。参照系是一面镜子，让你看到各种理论模型或现实经济制度与理想状态之间的距离。一般均衡理论就提供了这样一种参照系，它主要论证完全竞争市场的最优性，认为它将促使资源的有效配置。将完全竞争市场作为参照系，人们可以研究一般均衡理论中假设不成立（信息不完全，不完全竞争，具有外部性，非凸的生产集、不规范经济环境等），但也许更合乎实际的经济制度安排（比如具有垄断性质或转型过程中的经济制度安排），然后将所得的结果与理想状态下的一般均衡理论进行比较。

通过与完全竞争市场这一理想制度安排相比较，人们就可以知道一个（无论是理论或现实采用的）经济制度安排在资源配置和信息利用效率方面的好坏，以及现实当中所采用的经济制度安排与理想的状态相差多远，并且提供相应的经济政策。例如，宏观经济学中的凯恩斯学派、后凯恩斯学派、新古典主义学派、货币主义学派等都是以一般均衡理论作为参照系，来研究宏观经济变量的相互作用关系和变化规律，讨论和辩论这些宏观经济理论和学派的优劣，评价所给出的经济政策的有效性，从而改进这些理论，给出更有效的经济政策建议，甚至发展出新的理论学派。这样，一般均衡理论也为衡量现实中所采用的制度安排和给出的经济政策的好坏建立了一把标尺。如钱颖一教授所指出的那样，除了一般均衡理论，产权理论中无交易成本和无收入效应的科斯定理，以及公司财务理论中的莫迪利安尼-米勒定理等也都被经济学家用作他们分析的基准点或参照系。

度量标尺：尽管作为参照系的经济理论可能有许多假定与现实不符，但是它们却非常有用，是用来做进一步分析的参照系。建立经济学中的参照系就像生活中树立榜样一样重要，它们是建立评估理论模型和理解现实的标尺。这些参照系本身的重要性并不在于它们是否准确无误地描述了现实，而在于建立了一些让人们更好地理解现实的标尺，为进一步解释现实的理论提供基准点或参照系。

2. 分析工具

对经济现象和经济行为的研究，光有分析框架、研究平台、参照系和度量标尺还不够，还需要有分析工具。现代经济学不仅需要定性分析，也需要定量分析，需要界定每个理论成立的边界条件，使得理论不会被泛用或乱用。这样，需要提供一系列强有力的分析工具，它们多是数学模型，但也有的是由图解给出。这种工具的力量在于用较为简明的图象和数学结构帮助我们深入分析纷繁错综的经济行为和现象。比如需求供给图象模型、博弈论、研究信息不对称的委托代理理论、动态最优理论等。钱颖一教授还指出了另外一些具有分析工具的经济模型。由于钱颖一对这些分析工具的作用做了较具体的介绍，我在这里就不多讨论了。当然，也有不用分析工具的，如科斯定理，只用语言和基本逻辑推理来建立和论证所给出的经济理论。

3. 经济理论的作用、一般性与相对性

经济理论的作用：经济理论至少有三个作用。第一个作用是，它能够用来解释现实中的经济现象和经济行为，这是现代经济学主要讨论的内容。第二个作用是，它能够对给定的现实经济环境、经济人行为方式及经济制度安排下所可能引发的结果做出科学的预测和推断，并指导解决现实经济问题，这个作用也许更重要。只要理论模型中的前提假设条件大致满足，它就能得出科学的逻辑结论并据此做出科学、正确的预测和推断，而不一定需要用实验就能知道最终结果。例如，哈耶克关于计划经济不可行的理论就有这样的洞察力。

一个好的理论不用实验也能推断出最终结果。这在很大程度上解决了经济学不能拿社会做实验的问题。人们需要做的只是关于检验经济环境和行为方式等方面的假设是否合理（近些年来非常热门的实验经济学主要就是从事检验经济人的行为方式假设等理论基础性方面的研究）。例如，社会不允许为了研究通货膨胀和失业率的关系，而乱发货币。像天文学家和进化论生物学家一样，经济学家大多时候只能利用世界碰巧向他们提供的数据来发展理论和检验理论。第三个作用是，许多理论上的不可能性结果可以用来避免实施许多现实中不可行的目标和项目。这是因为如果一个结论在理论上不能成立，只要理论的前提假设条件符合现实，这个结果在现实中也一定不可能成立。

经济理论的一般性：从以上对现代经济学基本框架的讨

论可以看出，经济学中每一个理论或模型都是由一组关于经济环境、行为方式、制度安排的前提假设以及由此导出的结论所组成的。一个理论的前提假设条件越一般化，理论的作用和指导意义就会越大。如果一个理论的前提假设条件太强，它就没有一般性，这样的理论也就没有什么用处。成为一个好的理论的必要条件就是它要有一般性，越具有一般性，解释能力就会越强，就越有用。一般均衡理论就具有这样的特点，它在非常一般的偏好关系及生产技术条件下，证明了竞争均衡的存在并且促使资源的最优配置。

经济理论的相对性：在希望一个理论具有更大一般性的同时，也必须要注意到它的适用范围、边界以及局限性。这样在应用一个经济理论时便可避免犯两种错误。第一种错误是高估理论的作用。经济学中的所有假设与结论基本上都不是绝对的，而是相对的。无论一个理论多么一般化，它只是相对正确的，并且有一定的局限性和适用的范围。在讨论问题和运用某些经济学原理时，要注意这些原理后面的前提假设条件和它的适用范围，不能泛用，否则就会得出错误的结论。记住了定理的边界条件，你就不会轻易地下结论，否则就会误用某个定理，像误用科斯定理一样，弄不好会带来重大政策失误，如俄罗斯激进的私有化产权改革。

许多人，包括一些经济学家忘掉了这一点，他们往往把自己的结果或某个原理的作用无限扩大，结果使本来是有新意或正确的东西成为错误结论或误用。又有几个人能像科斯那样，不用数学模型就能发展出那么深刻的经济理论？即便如此，科斯的原定理还有那么多含糊和争议的地方。一个人不如先踏踏实实地学点现代经济学，然后再给出一些让人信服的批评。在海外学习，从事研究与教学20多年，给我印象最深的一点是，许多大师级的学者们（如赫维兹）在论述他们的学术观点时（即使是口头发言），往往会非常注重于强调结论成立的前提假设及具体的约束条件。这样，在讨论经济问题和给出经济结论时，非常重要的是注意理论的边界、局限性及这个理论的应用范围。

另外一个错误是低估理论的作用。不少人经常以现代经济学中某些假设或原理不太适合中国国情为由而否定现代经济学。事实上，世界上没有一门学科的所有假设或原理完全地合乎现实（像上面提到的没有空气阻力的自由落体等物理概念）。我们不应根据这一点来否定一门学科的有用性。对现代经济学也是如此。我们学习现代经济学，不仅仅是了解它的基本原理、它的有用性，更重要的是学习思考问题、提出问题和解决问题的方法。有些经济理论本身的价值并非直接解释现实，而是为解释现实发展更新的理论提供研究平台和参照系。借鉴这些方法，人们可以对如何解决现实中的问题得到启发。此外，如上节所述，由于环境的不同，一个理论对一个国家或地区适合，不见得对另一个国家或地区适合，不能机械地生搬硬套，而需要修改或创新原有理论，根据当地的经济环境和人们的行为方式发展新的理论。

4. 区分充分条件与必要条件的重要性

在经济问题的讨论中，区分充分条件与必要条件也是非常重要的，它能帮助人们很清楚地思考问题和避免不必要的争论。必要条件是一个命题成立所必不可缺少的条件，充分条件是能保证命题一定成立的条件。例如，经常听到有人用印度的例子来否定市场经济，认为印度采用的是市场经济，但还是很贫穷，所以中国不应走市场经济之路。说这些话的人，就是没有区分出必要条件和充分条件的差别。市场经济是促使一个国家富强的必要条件而不是充分条件。这就是说，要想国家富强，一定要走市场经济的道路。这是由于在世界上找不到任何富裕但不是市场经济的国家。但走市场经济之路，只是必要条件，不是充分条件，我们也必须承认市场机制不一定能使国家繁荣昌盛。其原因是，尽管市场机制是使一个国家繁荣昌盛必不可少的（根据目前观察到的事实），但还有许多因素也能影响一个国家的繁荣富强，比如政府干预经济的程度、政治制度、宗教、文化、社会结构等，使得市场机制有好的市场机制和坏的市场机制之分。

5. 数学在现代经济学中的作用

数学现在已经成为现代经济学研究中最重要的工具。由于提供研究平台，建立参照系和给出分析工具都需要数学，这就不难理解为什么数理分析的方法在现代经济学中成为主要的研究方法。如果经济学没有采用数学，经济学就不可能成为现代经济学。可以说，学好数学几乎是学好现代经济学的必要条件。数学在现代经济学中所起的作用是：①使得所用语言更加准确和精炼，假设前提条件的陈述更加清楚，这样可以减少许多由定义不清所造成的争议。②分析的逻辑更加严谨，并且清楚地阐明了一个经济结论成立的边界和适用范围，给出了一个理论结论成立的确切条件。否则，往往导致一个理论的滥用。例如，在谈到产权问题时，许多人都喜欢引用科斯定理，认为只要交易费用为零，就可促使资源有效配置。直到现在，仍有许多人不知道（包括科斯本人在给出他的论断时也不知道），这个结论一般不成立。如上所述，还要加上效用（支付）函数是准线性（quasi-linear）这一条件。③利用数学便于得到难以直观得到的结果。比如，从直观上来看，根据供给和需求法则，只要供给和需求量不相等，竞争的市场就会由看不见的手，通过市场价格的调整达到市场均衡。但这个结论并不总是成立。Scarf（Herbert E. Scarf，赫伯特·E. 斯卡夫）给出了具体的反例，证明这个结果在某些情况下并不成立。④它可改进或推广已有的经济理论。这方面的例子在经济理论的研究中太多了。比如，经济机制设计理论是一般均衡理论的改进和推广。

然而，光懂数学还不能成为一个很好的经济学家，还要深刻理解现代经济学的分析框架和研究方法，以及对现实经济环境、经济问题要有很好的直觉和洞察力，学经济学时不仅要从数学（包括几何）的角度去了解一些术语、概念和结果，更重要的是，即使它们是用数学的语言或几何的图形给出的，也要尽可能弄清它们的经济学含义。因而在学习经济学时不要被文中的数学公式、数学符号等迷惑住。

实证经济学家主要用的是数理统计和计量经济学。我们不是为学经济学而学经济学，而是对所观测到的经济现象和统计资料进行分析、描述和制定政策，并对经济理论进行检验。对经济问题，不仅要做定性的理论分析，还需要有经验性的定量分析。经济统计和计量经济学在这些方面发挥着重要作用。经济统计侧重于数据的收集、描述、整理及给出统计的方法，而计量经济学则侧重于经济理论的检验、经济政策的评价、基于经济理论和经验数据进行经济预测及检验各个经济变量之间的因果关系。为了更好地估计经济模型和做出更精确的预测，理论计量经济学家不断研究出更为有力的计量工具。

6. 经济学语言和数学语言的相互间转换

经济学研究的产品是经济论断和结论。一篇规范的经济学论文的写作一般由下面三个部分组成：①提出问题，给出重要性，确定研究目标；②建立经济模型，严格表达并验证论断；③通俗表达论断并给出政策含义。这就是说，一个经济结论的产生一般需要经过三个阶段：非数学语言阶段——数学语言阶段——非数学语言阶段[①]。第一阶段提出经济观念、想法或猜想，这些观念、想法或猜想可能由经济直觉产生或根据历史经验或外地经验而来。由于还没有经过理论论证，人们可将它们类比为一般生产中的初等品。这一阶段是非常重要的，它是理论研究和创新的来源。

第二阶段需要验证所提出来的经济想法或论断是否成立。这种验证需要经济学家通过经济模型和分析工具给出严格的证明，只要可能，还需要得到实际经验数据的检验。所得出的结论和论断往往都是由数学语言或专业术语来表达

① 注意：我这里讲建立经济模型一般采用数学模型，但也有例外，如前面讨论的科斯定理。

的，非专业的人士不见得能理解，从而不能为社会大众，政府官员、政策制定者所采用。所以将这些由技术性较强的语言所表达的结论和论断类比为一般生产中的中间产品。

学经济学是要为社会服务的，所以第三阶段就是将由技术语言所表达的结论和论断用通俗的语言来表达，使得一般的人也能够理解，用通俗语言的形式给出这些结论的政策含义，意义深远及具有洞察力的论断才是经济学的最终产品。注意第一和第三阶段都是用通俗、非技术、非数学的语言来给出经济想法和结论的，但第三阶段是第一阶段的一种飞跃、升华。这种三阶段式——由通俗语言阶段到技术语言阶段然后再回到通俗语言阶段——其实也是大多数学科所采用的研究方式。

四　结束语

总之，要理解和正确应用现代经济学，就需要了解现代经济学基本分析框架和研究方法。本文讨论了一个规范经济理论分析框架的五个基本组成部分：①界定经济环境；②设定行为假设；③给出制度安排；④选择均衡结果；⑤进行评估比较。基本的研究方法包括提供研究平台、建立参照系、给出度量标尺及提供分析工具。这种规范性的分析框架和研究方法使得现代经济学在过去60年来发展迅速，应用广泛，影响巨大，已成为一门规模庞大、分支众多、体系严谨的社会科学。即使专门研究经济学的学者，也只能了解为数有限的分支中很少的一部分内容。不花费一番功夫，是很难真正地理解其中一些经济理论的精髓的。

在经济问题的讨论中，要区分价值判断分析与实证性分析、充分条件与必要条件的差别，理解经济理论的作用，一般性与相对性，数学在经济学中的作用。学习现代经济学，不仅仅是了解它的基本原理，更重要的是学习它提出问题、思考问题和解决问题的方法。掌握了现代经济学的基本方法和分析框架，也有利于从事经济学的学习与研究，甚至帮助人们更好地处理日常事务。现代经济学基本分析框架其实也就是人们处理日常事务所用的基本方法。从这个意义上来说，现代经济学是“庸俗”的、“下里巴人”式的经济学。

参考文献

［1］郎咸平.中国需要立刻停止国企产权改革［EB/OL］.（2004-08-27）［2005-01-01］.http://www.phoenixtv.com/home/finance/fortune/200408/27/318836.html.

［2］钱颖一.理解现代经济学［J］.经济社会体制比较，2002（2）：1-12.

［3］AIVAZIAN V A，CALLEN J L. The coase theorem and the empty core［J］. The Journal of Law and Economics，1981，24（1）：175-181.

［4］ARROW K J. The organization of economic activity：issues pertinent to the choice of market versus nonmarket allocation［J］. The Analysis and Evaluation of public Expenditures：The PPB System，1969.

［5］ARROW K J. The property rights doctrine and demand revelation under incomplete information［M］//Michael J. Boskin（ed.）, Economies and Human Welfare: Essays in Honor Tibor Scitovsky, New York: Academic Press, 1979: 23–39.

［6］ARROW K J, DEBREU G. Existence of an equilibrium for a competitive economy［J］. Econometrica, 1954, 22（3）: 265–290.

［7］CHIPMAN J S. A close look to the coase theorem［M］//James Buchanan, Bettina Monlssen, in The Economists' Vision: Essays in Modem Economic Perspectives, eds.Frankfurt: Campus Verlag, 1998, 131–162.

［8］COASE R H. The problem of social cost［J］. Journal of Law & Economics, 1960, 3: 1–44.

［9］DEBREU G.Theory of value［M］.New Haven: Yale University Press, 1972.

［10］HURWICZ L. On informational decentralized systems［M］//C. B. McGuire.Decision and Organization: a volume in Honor of Jacob Marschak.Minneapolis: University of Minnesota Press, 1972: 297–336 .

［11］HURWICZ L.What is the coase theorem?［J］. Japan and the World Economy, 1995, 7（1）: 49–74.

［12］NASH J. Non–cooperative games［J］. Annals of mathematics（Second Series）, 1951, 54（2）: 286–295.

［13］SCARF H. Some examples of global instability of the

Competitive Equilibrium [J] . International Economic Review, 1960, 1 (3) : 157–172.

[14] SAMUELSON P A . Some uneasiness with the Coase Theorem [J] . Japan and the World Economy, 1995, 7 (1) : 1–7.

[15] STARRETT D A. Fundamental nonconvexities in thetheory of externalities [J] . Journal of Economic Theory, 1972, 4 (2) :180–199.

[16] TIAN G. Lecture Notes on Microeconomic Theory, Texas: Texas A&M University, 2004. http://econweb.tamu.edu/tian/class.htm.